카피의 기술

카피 쓰다 막혔을 때 보면 좋은 책

카피의 기술

1판 1쇄 인쇄 2022년 8월 19일
1판 1쇄 발행 2022년 8월 25일

지은이 임태환
펴낸이 송준화
펴낸곳 아틀라스북스
등 록 2014년 8월 26일 제399-2017-000017호

기획편집총괄 송준화
마케팅총괄 박진규
디자인 김민정

주소 (12084) 경기도 남양주시 청학로 78 812호(스파빌)
전화 070-8825-6068
팩스 0303-3441-6068
이메일 atlasbooks@naver.com

ISBN 979-11-88194-37-7 (13320)
값 18,000원

카피 쓰다 막혔을 때 보면 좋은 책

카피의 기술

임태환 지음

아틀라스
북스

카피는 기술이다

회사는 전쟁터다. 해야 할 일은 산더미고 늘 시간에 쫓긴다.

오늘 나의 일일 업무목록을 보면 가관이다. 일단 오전에 전날 진행된 광고성과 리포팅 수치를 확인해서 보고서를 작성하고, 개선해야 할 사항을 정리해 광고주에게 전달한다. 분기별 프로모션 기획안도 준비해야 한다. 그게 끝나면 제작팀과 디자인 제작물 회의를 하고, 오후에는 영상 촬영장에 가서 현장 진행을 살펴봐야 하고, 회사에 복귀하면 정산 행정업무도 봐야 하고….

해야 할 일은 많은데 벌써 퇴근시간이다. 팀장은 가방을 둘러메고 퇴근하면서 "내일 오전까지 이번 신제품 캠페인 카피 좀 뽑아 줘"라며 퇴근 지문을 찍고 나가버린다. 어이없는 표정으로 팀장의 뒤통수를 쏘아보지만 이미 팀장의 뒤통수는 다년간 재련되어 스커드 미사일도 튕겨 낼 정도로 단단하다.

행정업무는 물리적인 시간만 확보하면 할 수 있다. 1시간을 쓰면 1시간의 산출물이 나오는 업무다.

크리에이티브 영역의 일은 전혀 다르다. 1시간, 2시간, 3시간을 들여도, 쓰고 지우기를 반복하다 단 한 줄의 문장도 못 쓸 때가 많다. 그만큼 투여 시간 대비 산출량이 보장되지 않는 일이다.

회사는 우리에게 하루 8시간을 준다. 그 시간 안에 일을 마치지 못하면 야근을 해야 하는 불상사가 생긴다. 우리는 그 8시간 중 3~4시간을 카피 한 줄을 쓰는 데 사용할 수 없다. 이유는 간단하다. 그것 말고도 해야 할 일이 너무 많기 때문이다.

흔히 상상하는 카피라이터의 모습이 있다. 일단 아침에 커피를 내리고 베이글을 베어 물며 커피 향을 음미한다. 자리에서는 때깔 좋은 노트북을 펼쳐 들고 모니터를 뚫어지라 쳐다보며 무언가를 썼다 지우기를 반복한다. 뭔가 잘 풀리지 않으면 사무실에서 나와 산책을 하며 영감이 떠오르길 기다린다. 무언가가 떠오르면 자판을 열심히 두드리며 회심의 미소를 짓는다. 어느덧 해가 저무는 퇴근시간이 되면 노트북을 닫고 당당히 회사를 나선다.

이건 상상 속의 일이다. 카피라이터가 카피 한 줄만 쓰고 퇴근하게 내버려두는 회사는 없다. 정상적인 회사라면 말이다. 회사는 우리에게 짧은 시간 안에 많은 생산성을 요구한다. 달랑 카피 한 줄 쓰고 퇴근하는 월급 루팡을 가만히 보고 있지 않는다. 그런 직원이 있다면 얼마 가지 않아 잘릴 것이다. 그렇기 때문에 우리는 그저 영감이 오길 기다릴 수 없다. 회사라는 비즈니스 사이클에서 자신의 워라밸을 지키면서 생산성을 보이려면 기술적으로 크리에이티브에 접근해야 한다.

요즘 시대에는 모든 영역에서 크리에이티브가 중요하다. 사람들에게 한 번에 꽂히는 메시지를 개발하고, 그 메시지를 상대방에게 전달하는 능력은 카피라이터나 마케터, 광고 기획자뿐만 아니라 우리 모두에게 필요한 기본 소양이다.

어느 날 갑자기 상사가 당신에게 내일 있을 송년회 건배사를 준비하라고 하거나, 신박한 야유회 네이밍을 만들라고 요구하면 어쩌겠는가? 기본적인 업무만으로 야근까지 해야 하는 벅찬 상황에서 3~4시간 고민해도 답 없는 이런 크리에이티브한 일을 맡으면 눈앞이 아찔하지 않을까.

많은 카피라이터가 기본 업무를 하면서도 긴 시간을 쓰지 않고 카피를 뽑을 수 있는 이유는 그들이 천재라서가 아니다. 그들은 훈련했기 때문이다. 많은 시간 카피를 뽑으면서 생각하는 법을 터득했고, 반복훈련을 통해서 어떻게 크리에이티브에 접근하는지에 대한 기술을 체화했다. 어떻게 그런 카피를 빨리 쓸 수 있냐고 물어도 그들은 잘 대답하지 못한다. '그냥 떠올라서 썼다'고 말한다. 이런 말만 들으면 그들이 천재적인 영감을 지닌 사람처럼 보일지 모른다.

사실 영감은 오랜 반복훈련으로 체화된 기술의 결과일 뿐이다. 우리는 영감이 오길 마냥 기다릴 수 없으며 '기술적으로' 찾아가야 한다. 처음에는 몸이 거부반응을 보일 수 있다. 오래, 자주, 많이 훈련하다 보면 기술이 체화돼 어느새 당신도 크리에이티브 자판기가 될지도 모른다. 그렇게 되면 많은 시간을 쏟지 않고도 짧은 시간에 크리에이티브한 일의 생산성이 높아질 뿐 아니라 워라밸까지 보장받을 수 있다. 이 책에서 바로 그 기술을 알려주고자 한다.

시중에는 많은 카피 서적이 있다. 카피 서적은 유형별로 4가지로 정리할 수 있다. 첫 번째는 '카피 개론서'다. 광고학이라는 학문적 이론에서 출발하다 보니 다소 실무와 거리가 있다. 두 번째는 '카피 에세이'다. 카피에 대한 감상적인 접근이 주를 이뤄서 실질적인 도움이 안 된다. 세 번째는 '뜬구름 형'이다. 카피는 이렇게 쓰면 돼요 라고 말하지만 그 이렇게에 대한 HOW TO가 없다. 건강하려면 살을 빼야 한다고 하면서 정작 살을 어떻게 빼야 하는지 안 알려 주는 자기계발서 같은 책이다. 네 번째는 '카피 패턴집'이다. 카피의 패턴을 모아 두어서 참고는 할 수 있지만, 패턴에 얽매여 그 이상을 발상하는 데는 한계가 있다.

이 책은 그런 책들의 장점은 살리고 단점은 보완했다. 이론적 바탕은 놓치지 않으면서 실무에서 당장 활용할 수 있는 발상법과 기술을 알려주되, 이론적인 딱딱함이 아니라 말랑말랑한 터치로 내용을 전달한다. 뜬구름 잡는 방법론이 아니라 구체적인 카피의 원리를 분석해 그것이 만든 효과가 무엇인지 설명한다.

이 책은 광고카피에 국한하지 않고 전반적인 메시지를 개발하는 법에서부터 출발한다. 광고카피는 메시지의 일부분일 뿐이다. 메시지 개발법을 안다면 광고카피도 쓸 수 있지만, 광고카피를 쓸 수 있다고 해서 메시지를 개발할 수는 없다. 모든 카피는 '메시지'라는 상위 영역의 하위 변주일 뿐이다. 가장 기본이 되는 출발점을 안다면 당신은 거기서 무엇이든 응용하여 개발할 수 있다.

PART 2 카피를 쓸 때

1 목적과 타깃 _ 카피 쓰기의 시작과 끝

5 크리에이티브 Ⅱ_ 세일즈를 위한 정서의 유형

PART 3 카피를 쓰고 난 후

1 문장 다듬기

2 객관적인 검증

PART 1
카피를 쓰기 전에

카피라이터의 생각법

카피라이터는 과연 무슨 생각을 하면서 카피를 쓸까?

사실 우리는 카피라이터가 카피를 쓰는 패턴보다는 생각의 기술이 무엇인지 습득하고, 생각의 코어를 먼저 장착해야 한다. 마치 운동선수가 기초 체력 없이 기술만으로 경기할 수 없고, 체력 없이 정교한 기술을 발휘할 수 없듯이 카피라이터에게 '생각'은 운동선수의 '체력'과 같다.

운동선수가 기초 체력운동을 하듯이 카피라이터도 기초 생각훈련을 해야 한다. 생각하는 힘을 키워야 정교한 카피를 빠르고 많이 뽑을 수 있다. 이것은 카피라이터뿐만 아니라 기획자나 마케터에게도 해당하는 내용이다. 생각은 모든 분야의 근간이 되기 때문이다.

1
본질

A가 A일 수 있게 하는 단 하나

아이팟, 폰, 인터넷 커뮤니케이터, 아이팟, 폰… 느낌이 오십니까?
- 스티브 잡스, 아이폰 1세대 프레젠테이션 중

●

나는 고등학교 1학년 때 '본질'이라는 것이 무엇인지 어렴풋이 깨달은 경험이 있다. 내가 살고 있는 지역에서 밴드 경연대회가 열린 적이 있었다. 그 당시에 친구들과 락밴드를 만들었고 거기서 난 드럼을 연주했다.

모자란 실력이지만 우리는 경연대회에 출전했다. 약 15개 팀이 출전한 경연대회에서 우리 밴드의 실력은 한참 부족했다. 어렸을 적에 1년, 2년의 시간차는 매우 컸기 때문에 2, 3학년 선배들의 실력은 객관적으로 봐도 우리를 압도했다. 하지만 우리는 즐기자는 마음으로 경연에 임했다.

경연이 끝나고 당일에 바로 시상을 했다. 사회자는 참가상부터 하나씩 발표했다. 우리는 제발 참가상만은 면하게 해달라고 빌었다. 다행히 우리 밴드의 이름을 부르지 않았다. 다행이라고 생각했다. 그리고 장려상이 발표됐다. 그 또한 호명되지 않았다. 동상, 은상, 금상 모두 호명되지 않았다. 우리는 점점 이성을 잃었다.

마침내 우리 밴드를 포함해 단 2팀이 남았다. 영예의 대상을 가리는 시간이었다. 시간은 움직이지 않았다. 우리는 사회자의 입만 주시했다. 그리고 발표했다. "밴드 퓨리." 우리가 대상을 받은 것이다. 꿈에도 생각지 못한 상이었다. 우린 객석 맨 뒤 좌석에서 무대 앞까지 단숨에 달려나가 서로를 얼싸안았다.

우리는 행복했다. 그러나 한편으로는 의문이 들었다. 왜 우리가 상을 받았을까? 도대체 왜? 우리 팀의 실력이 좋아서는 결코 아니었다. 우리보다 실력이 객관적으로 나은 팀은 많았다. 이 대회가 끝난 후, 몇 개월 뒤에야 나는 왜 우리가 대상을 받았는지를 알 수 있었다. 이유는 사실 아주 간단했다. 우리 밴드는 9분이라는 시간을 칼같이 지켰기 때문이다. 그에 비해 다른 밴드들은 자기 실력에 도취돼서 9분은 기본으로 넘기고 13~15분까지 연주하기도 했었다. 그때 우리는 순진했기 때문에 대회 공고에 9분을 지키라는 내용을 보고 철석같이 지키려고 연주시간을 편곡했다.

우리는 흔히 경연의 본질은 '실력'을 겨루는 무대라고 착각한다. 하지만 그보다 더 근본적인 본질이 있다. 바로 '규칙 위에서 최고의 실력을 보여주는 것'이다. 우리의 실력은 미약하지만 '규칙 위에서'라는 근본을 지켰고, 다른 밴드는 실력은 있지만 '규칙 위에서'라는 근본을 저버렸다. 본질을 지킨 우리가 대상을 차지할 수밖에 없는 이유였다.

본질을 찾는 방법

'본질적으로 생각하자', '본질로 돌아가서', '본질부터 파악하자' 등 모든 상사가 남발하는 레퍼토리가 바로 '본질론'이다. 이쯤 되면 그들이 여자친구나 남자친구 이름보다 더 많이 생각하고 부르는 명사가 본질이 아닐까. 상사들이 이렇게 본질을 주구장창 찾는 데는 그만한 이유가 있다. 본질은 실제로 중요하기 때문이다. 그럼 도대체 본질이 무엇이기에 우리 팀장님은 늘 본질을 여자친구 이름보다 더 많이 부르는 것일까?

본질은 핵심의 부재에서 드러난다

'본질'이라는 단어가 매우 생소하거나 어렵게 느껴질 수 있지만 사실 우리는 일상생활 속에서도 본질을 생각한다. 사랑하는 사람과 이별했을 때는 '사랑'이란 뭘까?, 믿었던 친구에게 뒤통수를 맞는 날에는 '우정'이란 뭘까?, 가까운 누군가가 죽었을 때는 '삶'이란 뭘까? 라는 질문을 스스로에게 던진다. 이렇게 우리가 어떤 대상에 질문을 던질 때의 공통된 상황은 바로 '부재'에 직면했을 때다.

부재는 본질을 드러내는 거울이다. 잘 나오던 펜이 갑자기 잉크가 떨어져 쓸 수 없을 때 숨겨져 있던 펜의 본질이 드러난다. 펜의 본질은 '쓰기'임을. 한여름에 시원하게 해 주는 에어컨의 냉매가 떨어졌을 때 에어컨의 본질은 '냉방'임을. 사진을 찍어주는 카메라의 셔터가 고장났을 때 카메라의 본질은 '사진촬영'임을 굳이 '생각'하지 않아도 우리는 저절로 깨닫는다. 늘 가까이 있어 당연한 것이 사라졌을 때 숨겨져 있는 본질이 드러나기 마련이다.

본질의 사전적 정의는 '사물이나 현상을 성립시키는 근본적인 성질'이다. 쉽게 말해 'A가 A일 수 있게 하는 단 하나'다. 펜을 펜이게끔 하는 단 하나는 쓰기고, 에어컨을 에어컨이게끔 하는 단 하나는 냉방이고, 카메라를 카메라이게끔 하는 단 하나는 사진촬영이다. 쓰기 기능이 없는 펜, 냉방 기능이 없는 에어컨, 사진촬영 기능이 없는 카메라는 상상할 수 없다. 본질을 담고 있지 않다면 그건 그저 깡통 덩어리에 불과하다.

그럼 본질을 찾기 위해 우리가 무엇을 해야 하는지 눈치 빠른 사람이라면 이미 답을 찾았을 것이다. 그 대상이 담고 있는 핵심적인 무언가의 부재에서 본질이 드러난다면, 우리는 역으로 '부재를 설정'하는 작업을 해야 한다.

예를 들어 영화의 본질은 무엇인지 스스로에게 질문해 보자. 나의 경우 영화라는 예술의 본질을 찾기 위해 의식의 흐름대로 아래와 같이 생각해 봤다.

》영화는 재미있어. 영화는 오락적 요소가 강한 거 같아. 그럼 무엇이 영화를 재미
  있게 만들지?
》영화를 재미있게 하는 건 배우들의 기가 막힌 연기지. 잠시만, 그런데 연기는 연
  극에도 있는데 영화와 연극의 차이는 뭘까?
》연극은 직접 사람의 눈으로 보지만, 영화는 카메라를 거쳐서 전달되는 점이 가
  장 큰 차이지. 연극은 무대에서 우리가 보고 싶은 대상을 보지만, 영화는 카메라
  가 찍는 대상만 볼 수 있잖아.
》그렇다면 회화와 영화의 차이는 뭐지? 회화에서도 우리는 화가가 눈으로 보고
  그린 제한된 대상만 볼 수 있잖아.
》회화는 정적인데 영화는 움직임이 있잖아.
》움직임은 연극에도 있잖아. 연극과 영화의 움직임 차이는 뭘까?
》영화는 연극과 달리 움직이는 가상의 이미지를 만들잖아.
⇒ 결론 : 아! 그럼 영화의 본질은 움직이는 가상 이미지의 예술이 아닐까? 그건
  연극도 회화도 가지고 있지 않으니까 말이야.

'비교'와 '차이'를 통해 본질에 접근하기

　내가 내린 결론이 정말 영화의 본질인지 아닌지는 사실 여기
서 중요하지 않다. 중요한 건 본질을 찾기까지 과정이다. 위의
의식의 흐름을 살펴보면 내가 본질을 찾기 위해서 사용한 방법

이 있다.

바로 '비교'와 '차이'다. 영화와 인접한 장르 예술(연극, 회화)과 비교하고, 그 차이를 통해 점점 본질에 가까워져 갔다. 나는 여기서 다른 예술 장르와 영화의 차이 속에서 드러난 '부재'를 통해서 영화의 '본질'에 다가갔다. 즉, 연극에는 없지만 영화에는 있는 것, 회화에는 없지만 영화에는 있는 것을 통해서 영화만이 가지고 있는 그 무언가에 조금 더 좁혀서 들어갔다.

이렇게 한 대상의 본질적 요소를 찾으려면 그 대상과의 '네트워크망'을 설정해야 한다. 내가 영화와 인접한 연극과 회화라는 장르 네트워크망 속에서 영화의 본질을 찾으려고 했듯이 말이다.

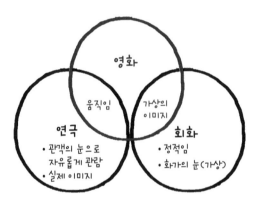

오늘부터 당신은 즉석밥 마케팅을 맡았다. 먼저 즉석밥의 본질에 대해 생각해 보기로 하자. 즉석밥의 본질은 과연 뭘지, 다음과 같이 의식의 흐름대로 자문자답해 보자.

》즉석밥은 밥이지.

》그럼 집밥과 즉석밥의 차이는 뭐지?

》집밥은 해 먹기 번거롭지만 즉석밥은 간편하잖아.

》간편함으로 따지면 컵라면이 더 낫지.

》하지만 컵라면은 주식이 아니잖아. 간편하게 먹을 수 있는 주식은 즉석밥뿐이야.

⇒ 아! 그럼 즉석밥의 본질은 간편한 주식이라고 할 수 있지 않을까?

  이번에는 우리가 일상생활 속에서 자주 접하는 즉석밥이라는 음식의 본질을 알아봤다. 이 과정에서도 앞서 영화의 본질을 살펴볼 때처럼 비교와 차이의 방법을 사용했다. 즉석밥의 본질을 알기 위해 즉석밥과 인접한 장르인 집밥과 컵라면을 비교 네트워크망에 접속시켰고, 각 인접 비교군과의 차이를 통해 즉석밥의 본질은 '간편한 주식'임을 더 잘 드러낼 수 있었다.

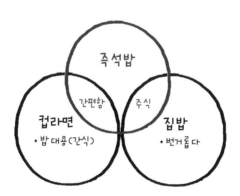

대상과의 관계방식을 통해 '본질' 드러내기

무라카미 하루키는 원고지 4매로 자기소개서를 써야 하는데 어떻게 써야 할지 몰라 어려워하는 독자에게 이렇게 답장을 해 줬다.

안녕하세요. 원고지 4매 이내로 자기 자신을 설명하는 일은 거의 불가능에 가깝죠. 말씀하신 그대로입니다. 제 생각에 그건 굳이 따지면 의미 없는 설문입니다. 다만 자기 자신에 관해 쓰는 것은 불가능하더라도, 예를 들어 굴튀김에 관해 원고지 4매 이내로 쓰는 일은 가능하겠죠. 그렇다면 굴튀김에 관해 써 보시는 건 어떨까요. 당신이 굴튀김에 관한 글을 쓰면, 당신과 굴튀김의 상관관계나 거리감이 자동적으로 표현되게 마련입니다. 그것은 다시 말해, 끝까지 파고들면 당신 자신에 관해 쓰는 일이기도 합니다. 그것이 이른바 나의 '굴튀김 이론'입니다. 다음에 자기 자신에 관해 쓰라고 하면, 시험 삼아 굴튀김에 관해 써 보십시오. 물론 굴튀김이 아니어도 좋습니다. 민스 커틀릿이든 새우 크로켓이든 상관없습니다. 도요타 코롤라든 아오야마 거리든 레오나르도 디카프리오든 뭐든 좋습니다. 내가 굴튀김을 좋아해서 일단 그렇게 말한 것뿐입니다. 건투를 빕니다.[1]

---

1 무라카미 하루키, 《잡문집》, 22~23쪽

무라카미 하루키의 굴튀김 이론은 본질을 파악하기 위한 방법으로 상당히 설득력 있다. 굴튀김 이론의 핵심은 '상관관계'다. '나'를 파악하기 위해서 객관적인 대상을 설정하고, 그 대상과 내가 어떻게 관계를 맺고 있는지, 그 관계방식을 통해서 '나'를 드러내는 형식이다.

'내가 굴튀김을 좋아하는 이유'와 '내가 생각하는 굴튀김은 무엇인지'에 대해 깊이 있게 쓴다면 내가 굴튀김과 관계 맺는 방식과 그 과정을 통해서 나라는 사람이 어떤 사람인지 자연스럽게 드러나기 때문이다. 예를 들면 이런 식이다.

'난 라면을 좋아한다. 내 라면 취향은 딱 정해져 있다. 난 라면 순정파다. 응용 라면류를 싫어한다. 짬뽕라면이라든지 미역국라면이라든지 고추장찌개라면 같은 제품을 싫어한다.'

이렇게 내가 라면을 좋아하는 방식을 살펴보면 '나는 심플한 인간'이라는 본질이 드러난다. 앞서 말한 '영화-연극-회화'와 '즉석밥-집밥-컵라면' 또한 각각의 요소들 사이의 거리와 상관관계를 통해서 본질이 잘 드러난 사례다.

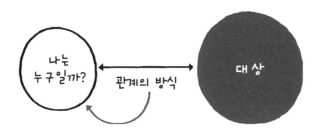

본질에 대한 오해

다시 영화의 본질 얘기로 돌아가 보자. 내가 결론 내린 영화의 본질을 들은 친구가 영화의 본질은 '움직이는 가상의 이미지'가 아니라고 반박한다. 내가 '그럼 넌 뭐가 영화의 본질이라고 생각하냐'고 물으니 이렇게 자기 생각을 말한다.

"영화의 본질이 움직이는 가상의 이미지라고? 그런데 만약에 영화를 보는 관객이 없다면 그게 다 무슨 소용이야? 관객이 없으면 영화는 아무것도 아니야. 그러니까 영화의 본질은 관객일 수밖에 없어."

이 말이 그럴싸하게 들리는가? 맞다. 너무나도 그럴싸하게 들린다. 관객이 없으면 영화의 존재는 무의미하다. 그렇다면 관객이야말로 영화의 가장 중요한 본질이 아닐까 하고 생각할 수 있다.

'본질'과 '존재적 요소'는 다르다

사실 이 대답은 틀렸다. 우리는 본질에 대해 답할 때 이런 오류를 많이 범한다. '영화를 존재하게 하는 것'과 '영화의 본질'은

엄연히 다르다. 관객은 영화의 본질이 아니라 영화를 존재할 수 있게 하는 '존재적 요소(외적 요소)'다. 그 친구의 말대로 관객이 영화를 존재하게 하지만, 그것이 영화의 본질이라고 할 수는 없다. 나는 그 친구에게 다시 이렇게 반박했다.

"난 영화의 본질을 물었지, 영화가 존재하게 하는 요소를 묻지 않았어."

그 친구처럼 한 대상의 본질을 '존재하게 하는 요소'로 착각했을 때 나타나는 문제는 생각보다 크다. 당신이 영화감독이라고 가정해 보자. 당신은 좋은 영화를 만들기 위해 스스로에게 영화의 본질을 물었고, 그것이 '가상의 움직이는 이미지'라는 결론을 내렸다. 그 결론에 따라 당신은 세련된 움직임과 이미지를 연출하려고 노력한다.

어? 그런데 당신의 친구가 영화에서는 '관객'이 중요하다고 말한다. 그 말을 들은 당신은 '그럼 영화는 대충 만들고 관객을 모으기 위한 마케팅 비용에 모든 예산을 쏟으면 되지 않을까?'라고 생각한다.

다시 물어보자. 당신의 직업은 영화감독인가, 마케터인가? 당신이 잘 만들고자 했던 영화와 너무 멀어졌다고 생각하지 않는가? 관객은 영화 내부에 있는 본질적 요소가 아니라 영화를 존재하게 하는 외부 요소일 뿐이다. 외부적 요소는 당신의 통제 바깥에 있다.

영화 〈머니볼〉에서 메이저리그의 만년 꼴등 팀인 오클랜드 어슬레틱스의 단장 빌리 빈은 팀 에이스들이 빠져나가면서 고민에 빠진다. 다음 시즌 팀 세팅을 해야 하는데 구단에는 에이스급 선수를 데려올 만한 돈이 없기 때문이다. 코치들 의견은 하나 같이 한심하다. 그 선수의 여자친구는 못생겼으니까 자신감이 없을 거라느니, 공을 칠 때 울리는 소리가 좋다느니, 얼굴이 잘생긴 선수가 좋다느니 등 별 시답지 않은 의견뿐이다.

빌리는 결국 경제학을 전공한 데이터 분석가인 피터 브랜드를 영입해서 '머니볼 이론'을 도입하고 팀 세팅을 준비한다. 그는 많은 데이터를 수집하여 출루율 높은 선수들을 영입하려고 한다. 부상을 입었든, 사생활이 문란하든, 이미 전성기를 지났든 그건 그에게 중요하지 않았다. 오로지 출루율 높은 선수를 영입한다면 어느 정도 승산이 있겠다고 판단했다. 그 결과 오클랜드 어슬레틱스는 리그 꼴등에서 1위, 거기다가 20연승이라는 메이저리그 역사상 대기록을 세운다. 과연 빌리가 본 본질은 무엇일까?

존재적 요소와 본질적 요소를 착각하는 이유

야구에서 가장 중요한 가치는 '승리'다. 그럼 승리를 하기 위한 본질은 무엇일까? 승리하기 위해서는 실력 있는 선수가 필요하다. 좋은 선수가 승리를 가져다 주기 때문이다. 하지만 선수는 야구를 '존재하게 하는 요소'지 야구의 본질은 아니다. 선수는 야구를 존재하게 하는 외부적 요소일 뿐이다.

좋은 선수는 모든 구단이 영입하고 싶어한다. 거기다가 현재 구단에 돈이 없다면 선택의 주체는 구단이 아닌 선수가 된다. 즉, 선수는 빌리의 통제 바깥에 있는 요소다. 빌리는 통제할 수 있는 요소를 선택해야 한다. 외부가 아닌 야구 내부에 있는 승리의 본질적 요소여야 한다. 바로 빌리가 선택한 '출루율'이다.

통제 바깥에 있는 존재적 요소를 본질적 요소로 생각한다면 당신은 아무것도 할 수 없다. 당신이 도박사가 아니라면 통제 바깥의 불확실성에 기대어 일을 처리할 수는 없는 노릇이다. 본질은 당신이 통제할 수 있는 그라운드 안에서 찾아야 한다.

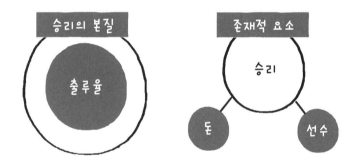

현업에서도 대상의 '본질적 요소'와 '존재적 요소'를 착각하는 사람이 많다. 마치 영화에서 가장 중요한 본질은 관객이라고 우겼던 내 친구처럼 말이다. 그런 사람들이 대상의 존재적 요소를 본질적 요소라고 착각하여 박박 우기면 회의고 나발이고 집어치우고 그냥 집에 가고 싶어진다. 회의시간에 본질적 요소와 존재적 요소의 미묘한 차이를 설명하기 쉽지 않고, 그러다 보면 정작 회의는 산으로 가서 시간만 낭비하기 때문이다.

그럼 사람들이 이 두 요소를 착각하는 이유는 무엇일까? 이유는 간단하다. '본질=중요한 것'이라고 착각하기 때문이다.

- 자, 여기에 인간이 있다. 인간에게는 의식주가 제일 중요하다. 하지만 의식주가 인간의 본질은 아니다. 인간의 본질은 이성이다.
- 자, 여기에 계산기가 있다. 계산기에게는 배터리가 제일 중요하다. 하지만 배터리가 계산기의 본질은 아니다. 계산기의 본질은 계산력이다.
- 자, 여기에 전구가 있다. 전구에게는 전기가 제일 중요하다. 하지만 전기가 전구의 본질은 아니다. 전구의 본질은 빛이다.

즉, 우리는 'A의 본질은 뭐지?'라는 질문을 받으면 속으로 이렇게 재해석해서 묻는다.

'A에서는 뭐가 가장 중요하지?'

본질이라는 말이 꽤 추상적이다 보니 '본질=중요한 것'이라고 막연하게 해석하는 것이다. 다시 말하지만 본질은 중요한 것을 가리키지 않는다. 본질은 'A가 A일 수 있게 하는 요소'를 가리킬 뿐이다. 이를 착각하지 말아야 한다.

본질적인 문제가 뭐야?

지금까지 본질에 대해 살펴봤다. 우리가 넘어야 할 산이 하나 더 있다. 바로 우리 팀장님의 레퍼토리 중 하나인 '그래서 본질적인 문제가 뭐야?'다.

앞에서 예를 든 '영화의 본질은 무엇일까?'는 문제가 아니라 '질문'일 뿐이다. 사실 영화 자체에는 아무런 '문제'가 없지 않은가. 그저 스스로에게 영화란 무엇일까 라는 철학적 질문을 던졌을 뿐이다. 카피라이터나 마케터들은 아무 문제 없는 대상에 이런 질문을 던지고 답하기에는 너무 바쁘다. 실제로 문제 있는 대상을 찾아내서 이렇게 묻는다.

"그러니까 그 문제의 진짜 문제가 뭐냐니까?"

'문제의 진짜 문제'라는 말이 생소하게 들리면 이렇게 풀어볼 수 있다.

- 어느 날 세면대가 막히는 문제가 발생했다. 이건 진짜 문제가 아니다.

  진짜 문제는 수챗구멍에 머리카락이 엉켰다는 사실이다.

- TV 리모컨이 작동하지 않는 문제가 발생했다. 이건 진짜 문제가 아니다.

진짜 문제는 리모컨 건전지가 떨어졌다는 사실이다.

- 냉장고에 있는 음식물이 상했다는 문제가 발생했다. 이건 진짜 문제가 아니다.

진짜 문제는 냉장고가 고장났다는 사실이다.

- 내가 살이 쪘다는 문제가 발생했다. 이건 진짜 문제가 아니다.

진짜 문제는 내가 운동을 하지 않는다는 사실이다.

감이 잡히는가? 우리가 생각하는 문제는 '진짜 문제의 결과로 나타나는 현상'일 뿐이다. 그 현상을 문제라고 착각하면 안 된다. 카피라이터나 마케터라면 눈에 뻔히 보이는 현상이 아니라 그 이면에 있는 진짜 문제, 즉 '문제의 원인'을 찾아야 한다.

상위 개념의 원인 찾기

문제의 원인은 대부분 복합적이다. 여러 요소가 맞물려서 문제가 터진다. 우리는 표면적으로 드러난 문제가 아니라 그러한 문제요소들이 터져 나올 수밖에 없었던 '상위 개념의 원인'을 찾아야 한다. 클라이언트는 눈에 보이는 뻔한 문제를 해결하기 위해서 우리를 고용하지 않는다.

앞서 영화 〈머니볼〉에서 빌리는 승리를 위한 본질적 요소로 출루율을 꼽았다. 오클랜드가 만년 꼴찌일 수밖에 없는 문제의 근본 원인을 낮은 출루율로 봤다. 그런데 오클랜드가 만년 꼴찌인 이유가 비단 출루율만 낮아서일까? 복합적인 원인이 있었을 것이다. 구단의 재정문제가 있다든가, 팀 에이스가 이적했다든가, 투수력이 약하든가 등 문제를 만들어 내는 요소는 다양하다. 그런데도 빌리는 왜 출루율을 문제의 근본 원인으로 꼽았을까?

출루는 볼넷으로 나가든, 안타로 나가든, 데드볼로 나가든, 홈런으로 나가든 아웃되지 않고 살아나가면 성립된다. 즉, 출루율은 위 4가지 카테고리를 모두 포함하는 통계치다. 승리의 요건을 맞추는 데 있어서 가장 대표성을 띠고 효율적인 통계치다. 위 4가지 카테고리의 통계를 개별적으로 분석한다면 데이터 양이 많아지고 복잡해진다. 복잡하다는 건 정확한 데이터 결과를 얻을 가능성이 떨어짐을 의미한다.

이에 비해 출루율이라는 단일 키워드로 데이터를 정리하면 통계의 정확도가 높아진다. 빌리는 방어율은 수비의 수치이기 때문에 고려하지 않았다. 승리하기 위해서는 점수를 내야 한다. 아무리 방어율이 낮은 투수를 영입하더라도 점수를 뽑지 못하면 이길 수 없다. 따라서 돈이 없는 구단 입장에서 방어율은 승리를 위한 고려조건이 아니다.

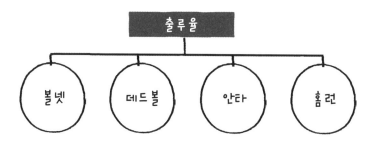

〈골목식당〉은 요식업 전문가 백종원이 장사가 안 되는 가게에 가서 솔루션을 주는 프로그램이다. 그는 장사가 안 되는 문제를 찾기 위해 가게를 둘러보면서 산재해 있는 문제들을 발견한다. 낮은 주방 청결도와 오래된 재료, 정신없는 주방구조, 사장님의 마음가짐 등 장사가 안 될 수밖에 없는 여러 문제를 꼬집는다. 그러면서 그는 마지막에 이런 솔루션을 준다.

"메뉴부터 줄이세요."

그는 식당을 살리는 근본적인 문제 해결 솔루션을 왜 메뉴 수에서 찾았을까?

첫 번째 이유는 메뉴 수가 많으면 고객이 그 식당이 뭐가 맛있는 곳인지 혼란스러워하기 때문이다. 고객이 상품을 결정하는 데 방해가 된다.

두 번째 이유는 메뉴 수를 줄이면 다양한 음식재료 수가 줄고, 자연스럽게 불필요한 식자재비가 절감되어 효율적인 식당경영이 가능해지기 때문이다. 그뿐만 아니라 식자재 순환율이 높아져 신선한 재료로 음식을 만들 수 있다.

세 번째 이유는 상품의 질이 높아지기 때문이다. 메뉴 수를 줄이면 조리동선이 효율적으로 변하고, 특정 메뉴에 집중하게 됨으로써 음식의 질이 높아진다. 이로 인해 경쟁식당보다 우위를 확보하게 되어 브랜딩을 강화하는 결과가 생긴다.

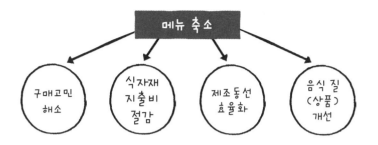

본질은 '효율적'이다. 메뉴 수를 줄이는 단 하나의 솔루션으로 여러 문제를 한 번에 해결할 수 있기 때문이다.

문제의 근본 원인을 찾는 법

그렇다면 백종원처럼 문제의 근본 원인을 찾는 방법은 무엇일까? 바로 '가추법'이다. 가추법은 다음과 같이 어떤 현상이 발생했을 때 가설을 통해 그 현상을 설명하는 방법이다.

》나는 산에서 연기가 나는 '현상'을 발견했다.
》나는 산에서 불이 나고 있다는 '가설'을 세웠다.
》그 가설이 맞는다면 산에서 나는 연기를 '설명'할 수 있다.
⇒ 따라서 불이 났다는 가설은 '참'이다.

가추법을 발전시킨 사람은 미국의 철학자 찰스 샌던스 퍼스다. 그는 가추법이 지닌 가장 큰 장점을 '예측'이라고 생각했다. 예측을 통해서 우리는 현상을 다양한 각도로 조명하고, 새로운 원리와 지식체계를 만들 수 있다. 따라서 가추법은 문제해결을 위한 추론법이며, 창의적인 탐구논리라고 할 수 있다.

가추법을 이렇게 정의하는 이유는 연역법 및 귀납법과의 차이에서 비롯된다.

가추법과 연역법·귀납법의 차이

연역법은 결론이 이미 전제 안에 들어가 있는 구조다. 아래 예를 보자.

① 전제 : 이 주머니에서 뽑은 콩들은 모두 흰색이다.
② 사례 : 이 콩들은 이 주머니에서 나왔다.
③ 결론 : 이 콩들은 흰색이다.

이 경우를 보면 이 주머니에서 뽑은 콩들은 모두 흰색이고, 이 콩들이 이 주머니에서 나왔다는 건 필연적으로 이 콩들이 흰색이라는 사실을 뜻한다. 만약 이 주머니에서 뽑은 콩들이 모두 흰색이라는 전제가 참이라면 결론 또한 참일 수밖에 없다.

연역법의 장점은 '확실성'이다. 다른 경험의 양을 늘리지 않더라도 결과를 정확하게 알 수 있다. 우리가 '1+1=2'라는 사실을 증명하기 위해 모든 마트의 원플러스원 상품을 다 세어 보지 않듯이 말이다. 반면에 연역법은 새로운 지식을 발견하는 사고법이 아니라는 단점이 있다.

귀납법은 결론의 참이 보장되지 않는 방식이다. 아래 예를 보자.

① 전제 : 이 콩들은 이 주머니에서 나왔다.

② 사례 : 이 콩들은 흰색이다.

③ 결론 : 이 주머니에서 뽑은 콩들은 모두 흰색이다.

이 경우를 보면 이 주머니에서 뽑은 콩들이 지금까지 모두 흰색이라고 해서 이 주머니에서 뽑은 콩들이 모두 흰색이라고 단정할 수 없다. 1,000개의 콩 중에 999개가 흰색이더라도 나머지 1개의 콩이 검은색일 수 있다.

하지만 경험의 양이 증가하고 그에 따라 참의 결과가 많아질수록 결론은 매우 높은 개연성을 보장받는다. '사탕은 달다'라는 개연성을 확보하는 데 있어서는 100개의 사탕보다는 1억 개의 사탕을 맛보고 내린 결론이 더 믿음이 간다. 이렇게 경험의 양이 증가할수록 결론의 개연성은 높아진다.

귀납법으로 나온 결론은 연역법처럼 필연적인 참이 아니라 '개연적'인 참이라는 단점이 있다. 전제가 참이라고 해서 결론도 무조건 참은 아니기 때문이다.

귀납법은 이런 단점이 있는 반면 한 가지 장점도 있다. 귀납법으로 얻은 개연성 높은 지식이 우리에게 즉각적이고 실질적인 도움을 준다는 점이다. 일기예보의 경우에도 필연적인 참은 아니지만, 수많은 경험적 데이터를 바탕으로 개연성 높은 정보를 제공하기 때문에 우리는 오늘도 비를 맞지 않을 수 있듯이 말이다.

가추법도 귀납법과 마찬가지로 결론이 필연적으로 참은 아니다. 다음 예를 보자.

① 전제 : 이 주머니에서 뽑은 콩들은 모두 흰색이다.

② 사례 : 이 콩들은 흰색이다.

③ 결론 : 이 콩들은 이 주머니에서 나왔다.

가추법의 결론도 이 콩들이 흰색이라는 이유만으로 모두 이 주머니에서 나왔다고 단정할 수 없다. 다른 주머니에서 나왔을 가능성도 있기 때문이다. 따라서 이 결론도 귀납법과 마찬가지로 개연적인 참이라고 할 수는 있지만 필연적인 참은 아니다.

가추법은 연역법처럼 결론이 전제에 포함돼 있지 않으며, 귀납법처럼 대량의 경험을 필요로 하지 않는다. 가추법의 결론은 이 주머니에서 뽑은 콩들은 흰색이고, 지금 내 눈앞에 있는 콩들은 흰색이기 때문에 아마도 이 콩은 이 주머니에서 나왔을 것으로 '예측'하는 방식이다. 이 예측은 현상의 원인을 다각도로 살펴볼 수 있게 하며, 새로운 인사이트를 얻을 수 있는 출발점을 만들 수 있게 한다.

가추법적 사고가 중요한 이유

문제의 근본 원인을 찾기 위해 가추법적 사고가 중요한 이유는, 문제라는 현상은 눈에 보이지만 문제의 근본 원인은 눈에 보이지 않기 때문이다. 예측과 가설은 눈에 보이지 않는 문제의 원인을 밝혀주는 안내자 혹은 등불 역할을 한다. 그럼 다음과 같은 상황 설정을 통해 앞서 백종원이 식당의 문제를 밝혀낸 과정을 쫓아가 보자.

[1단계]
① 전제 : 음식 맛이 떨어지면 식당 매출은 떨어진다.
② 문제 : 식당 매출이 떨어진다.
③ 추측 : 음식 맛이 떨어졌기 때문이다.

위에서는 식당 매출이 하락한 문제의 원인을 떨어진 음식 맛 때문이라고 추측했다. 물론 매출이 하락한 이유가 꼭 음식 맛이 떨어져서가 아닐 수 있다. '가설'일 뿐이다. 다만 우리는 이 가설 이라는 실을 붙잡고 문제해결의 길로 걸음을 옮길 수 있다. 결과 적으로 음식 맛이 떨어진 게 매출 하락의 원인이 아니라면 우리 는 다시 그 실을 붙잡고 원점으로 돌아와야 한다. 이 추측의 근 거는 지금까지 음식 맛과 매출액 사이의 상관관계를 봤을 때 음 식 맛이 떨어지면 매출액도 떨어졌기 때문이다.

자, 그럼 문제가 해결됐다. 이제 음식 맛을 올리면 식당은 미친 듯이 돈을 벌 수 있다. 과연 정말일까? 그 전에 왜 음식 맛이 떨 어졌는지 근본 이유를 모르면 문제를 해결할 수 없다. 다시 가추 법적 사고를 가동해야 한다.

[2단계]

① 전제 : 식자재의 신선도가 떨어지면 음식 맛은 떨어진다.

② 문제 : 음식 맛이 떨어졌다.

③ 추측 : 식자재가 신선하지 않기 때문이다.

　위에서는 음식 맛이 떨어진 이유를 식자재가 신선하지 않기 때문이라고 추측했다. 하지만 아직 뭔가 부족하다. 조금만 더 가추법적 사고를 이어가 보자.

[3단계]

① 전제 : 메뉴 수가 늘어나면 재료 보존기간이 길어져 신선도가 떨어진다.

② 문제 : 재료 신선도가 떨어진다.

③ 추측 : 메뉴 수가 늘어나 재료 보존기간이 길어졌기 때문이다.

　이제 어느 정도 매출이 떨어진 문제의 근본 원인을 찾았다. 매출이 떨어진 이유는 메뉴 수가 늘어났기 때문이다. 메뉴 수가 많아 묵혀 두는 재료가 많았고, 신선하지 않은 재료는 음식 맛을 떨어뜨리고, 떨어진 맛은 사람들의 발길을 끊게 했고, 끊어진 사람들의 발걸음은 매출 하락으로 이어졌다. 만약 이 가설이 맞는다면 식당 사장님은 메뉴를 줄여 선택과 집중을 함으로써 가게를 다시 살릴 수 있다.

눈치 빠른 독자라면 가추법을 활용하여 문제의 본질적인 원인을 찾을 때 중요한 3가지 포인트를 발견했을 것이다. 이 3가지 포인트를 모르고는 문제의 본질적인 원인을 찾기 힘들다.

첫 번째는 '추측'이다. 문제의 본질적인 원인을 찾으려면 문제를 다각도로 찔러 봐야 한다. 그저 문제를 바라만 본다고 해서 그 문제가 저절로 해결되지 않는다. 문제를 다각도로 찔러 봐서 매출이 떨어진 이유를 추측해야 한다.

두 번째는 '왜? 라는 질문'이다. 왜? 는 일종의 삽이다. 땅 위에 돋아난 문제의 본질적인 원인을 찾으려면 왜? 라는 삽을 들고 깊이 파 봐야 한다. 앞의 예의 1단계에서의 '추측'은 2단계에서 '문제'가 되고, 2단계에서의 추측은 3단계에서 '문제'가 된다. 이렇게 추측과 문제가 꼬리를 물고 이어질 수 있는 원동력이 바로 '왜? 라는 질문'이다.

세 번째는 '전제 근거'다. 위의 각 단계에서 아래와 같은 전제가 없었다면 추측 가설이 나오기는 힘들다.

- 1단계 : 음식 맛이 떨어지면 매출이 떨어진다.
- 2단계 : 식자재의 신선도가 떨어지면 음식 맛이 떨어진다.
- 3단계 : 메뉴 수가 많으면 식자재의 신선도가 떨어진다.

따라서 전제가 되는 데이터를 수집하고, 그것을 분석하여 추측의 근거를 만드는 것이 가추법의 중요한 포인트다.

가추법으로 카피 쓰기

[의자가 인생을 바꾼다]라는 시디즈의 성공적인 광고카피는 어떻게 나올 수 있었을까? 우리가 이 카피를 쓴 카피라이터라고 생각하고 역으로 생각을 추적해 보자.

브랜드의 본질을 도출하는 과정

이 카피가 나오기 전에는 무엇이 좋은 의자고, 자기에게 어떤 의자가 맞는지에 대한 사람들의 인식이 깊지 않았다. 휴대전화나 TV는 이것저것 비교하고 따져 보고 구매하지만, 의자는 굴러다니는 아무것이나 사용하기 일쑤였다. 한 마디로 의자는 가전제품과 달리, 사람들이 가격이나 브랜드를 따지지 않고 사용하는 저관여 제품군에 속했었다.

이런 상황은 의자회사 입장에서 좋지 않다. 자신들이 심혈을 기울여서 개발하고 실험해서 만든 의자의 디테일한 기능을 소비자가 인식하지 못하고 그저 굴러다니는 아무 의자와 동급으로 취급받는다면 브랜드에 악영향을 주기 때문이다. 그렇다면 사람들의 인식을 바꿔야 한다. 의자는 당신에게 중요하다고.

그럼 어떻게 의자의 중요성을 사람들에게 인식시킬까? 그 전에 의자의 본질에 대해서 생각해 보자. 의자란 무엇인가? 책 초반에서 영화의 본질을 고민했을 때처럼 의식의 흐름대로 주절거려 보겠다.

》의자는 몸을 편하게 해 주지.

》편한 건 의자보다 침대가 더 낫지 않아?

》장난하냐? 침대는 잠잘 때 쓰고 의자는 공부하거나 일할 때 쓰는 거잖아.

》근데 왜 우리는 일할 때 의자를 사용하지? 서서 일하면 안 되나?

》허리 아프잖아. 나는 허리 디스크가 있는데 어떻게 서서 일해.

⇒ 결론 : 아! 그럼 의자는 일하거나 공부할 때 허리건강을 지켜주는 제품이네!

의자의 '본질'을 도출했다. 의자의 본질은 '공부나 일을 할 때 허리건강을 지켜주는 제품'이다. 이 본질에서 출발해 보자.

브랜드의 본질과 고객의 삶 연결하기

의자는 허리건강을 지켜준다. 하지만 사람들은 자신의 허리에 맞는 의자가 아니라 익숙하고 편안한 의자에 집중한다. 그러기 때문에 자신의 허리에 잘 맞지 않아도 익숙하다는 이유로 오래 쓴다. 의자에 대한 관여도(관심의 수준)를 높이려면 소비자의 인식을 추상적인 편안함이 아니라 자신의 삶과 연결된 구체적인 방향으로 변화시켜야 한다.

의자와 관계 맺는 사람들의 삶은 일이나 공부다. 그렇다면 의자가 허리건강을 개선하여 얻을 수 있는 긍정적인 면은 일과 공부의 능률이 올라 좋은 성과를 내고 성적이 오르는 데 있다. 좋은 성과를 내면 내 연봉 앞자리가 바뀌고 성적이 오르면 대학간판이 바뀐다. 연봉과 대학간판이 바뀌면 내 인생도 바꿀 수 있다. 이는 곧 '의자가 인생을 바꿀 수 있다'라는 말과 같다.

이 과정을 가추법적 사고로 푼다면 아래와 같다.

[1단계]

① 전제 : 의자에 대한 관여도가 낮으면 아무 의자나 쓴다.

② 문제 : 의자에 대한 변별력을 인식하지 못한다.

③ 추측 : 의자에 대한 관여도가 낮아서일까?

④ 결론 : 의자에 대한 관여도를 높여야 한다.

[2단계]

① 전제 : 삶과의 구체적인 연결점이 낮으면 의자의 관여도가 낮다.

② 문제 : 의자에 대한 관여도가 낮다.

③ 추측 : 삶과의 구체적인 연결점이 낮아서일까?

④ 결론 : 삶과의 구체적인 연결점을 높여야 한다.

[3단계]

① 전제 : 기대효과를 제시하지 않으면 삶과의 구체적인 연결점이 낮아진다.

② 문제 : 삶과의 구체적인 연결점이 낮다.

③ 추측 : 의자를 통해 변화할 수 있는 기대효과를 제시하지 않아서일까?

④ 결론 : 의자가 변화시킬 수 있는 기대효과를 보여 주자.

⇒ 도출된 카피 : [의자가 인생을 바꾼다]

지금까지 카피라이터가 어떻게 대상의 본질을 찾아내는지 소개했다. 한 대상의 본질은 그 대상이 지닌 '주요 특성의 부재'에서 드러난다. 부재는 그 대상의 인접 카테고리와 비교하고 그 차이를 통해서 두드러지게 드러날 수 있다.

문제의 본질은 '가추법적 사고'로 파악할 수 있다. 가추법은 가설 추측을 통해서 문제의 원인을 진단하고, 왜? 라는 질문을 통해서 보다 더 정교하게 문제의 원인을 파악하게 한다. 이 과정에서 가설 추측의 근거가 되는 전제 데이터를 분석해야 정확한 추측이 도출된다.

본질을 생각하는 사고방식은 중요하지만 이것만으로는 아직 부족하다. 카피라이터는 이렇게 어렵고 복잡하게 본질을 뽑아내지만 그 본질을 표현하는 언어는 심플하고 쉬워야 한다. 언어를 쉽게 풀어 내는 사고방식이 없다면 좋은 카피라이터가 되기까지 세 발짝 멀어졌다고 할 수 있다. 다음 챕터에서는 소통의 사고법에 대해 알아보겠다.

2
소통

9살의 눈높이로 전하는 90살의 통찰

폐기물을 가지고 아이들은 어른의 작품을 모방하기보다는
아주 이질적인 재료들로 무언가를 만들어내는 놀이를 통해
그 재료들을 어떤 새롭고 비약적인 관계 안에 집어넣는다.
— 발터 벤야민

누구나 쉬운 문장을 써야 한다고 생각하지만 잘 안 된다. '쉬운 문장=쉬운 생각'이라고 생각하기 때문이다. '누구나 이해할 수 있는 문장'은 '누구나 할 수 있는 생각'이라고 생각한다.

학창시절 수학문제를 떠올려 보자. 그렇게 어렵게 느껴지던 수학문제도 해답지를 보면 '에이, 알고 보니 별거 아니네'라고 느낀 적이 많지 않은가. 해답지는 문제를 몰랐던 사람도 한 번에 이해할 수 있도록 쉽게 써야 한다. 이와 달리 문장을 쓰는 사람들은 은연중에 이런 두려움을 갖는다.

'내가 문장을 쉽게 쓰면 사람들이 내 생각을 얕잡아 보지 않을까?'

그 결과 그들이 선택한 전략은 매우 비상식적이다.

'문장을 어렵게 쓰면 내 생각도 어렵다고 생각하겠지. 그럼 내 생각을 얕잡아 보지 않을 거야.'

마치 6살 꼬마의 심술처럼 느껴지는 유치한 선택이다. 정말 많은 사람이 이런 이유로 문장을 어렵게 쓴다. 이제부터는 그러지 말자. 9등급 학생이 봐도 충분히 이해할 수 있는 해답지 같은 문장을 써 보자.

쉬운 단어는 쉬운 문장의 시작

카피라이터는 쉬운 단어를 써야 한다. 쉬운 단어는 '직관적'이다. 머리를 굴려서 의미를 생각해야 한다면 그건 망한 단어다. 본능적으로 의미가 떠오르는 단어를 선택해서 문장을 만들어야한다.

직관적인 단어의 2가지 기능

직관적인 단어는 2가지 기능이 있다.

첫 번째 기능은 '정확성'이다. 단어가 어려우면 의미를 정확하게 이해하기 어렵다. 문장을 보는 사람이 단어의 의미를 정확하게 이해하지 못하면 메시지 전달은 실패나 다름없다.

게보린의 〈통증 미학〉 캠페인을 보자. 나는 사실 '통증 미학'에서 '통증'은 알겠는데 '미학'이라는 단어에서 멈칫했다. 첫 번째 이유는 '미학'이 일상에서 쉽게 쓰는 단어가 아니기 때문이다. 주로 어떤 상황에서 미학이라는 단어를 쓰는지를 접해 본 경험이 적다. 지금까지 우리가 살면서 미학이라는 단어를 얼마나 자주 입에 올렸는지 세어 보면 아마 손에 꼽을 정도일 것이다.

두 번째 이유는 '통증'과 '미학'이라는 단어의 결합이 생소했기 때문이다. 더군다나 게보린이 진통제로써 통증을 치유하는 기능이 있다면, 통증 미학보다는 차라리 '치유 미학'이라는 컨셉이 더 낫지 않았을까? 나는 왜 통증을 아름답게 봐야 하는지 납득할 수 없었다.

두 번째 기능은 '속도'다. 쉬운 단어는 한 번에 빠르게 의미를 전달할 수 있다. 디지털시대에는 정보량이 하루가 다르게 늘어난다. 20세기 초에 평생 한 사람이 접하던 정보량을 지금은 하루면 접할 수 있다고 한다. 그만큼 정보는 현재 빠르고 많이 생산되고 있다. 그래서 우리는 읽는 사람이 빠르게 의미를 알아낼 수 있도록 문장을 써야 한다.

예를 들어 '몰락했다', '부침을 겪다', '붕괴하다', '파멸하다', '쇠퇴하다'라는 단어가 있다. 이 단어들은 왠지 어렵다. 이 단어들을 어떻게 쉬운 단어로 고칠 수 있을까? 내 생각으로는 '망했다'다. 망했다. 다시 불러 봐도 입에 착착 감기지 않는가. 다시 일

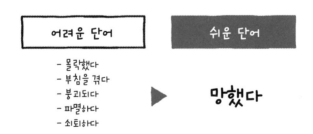

어쩔 수 없이 밑바닥까지 떨어진 상황을 빠르게 연상시키기에 더없이 좋은 단어다.

문장의 대상 생각하기

이렇듯 쉬운 문장은 쉬운 단어에서 시작된다. 하지만 한 가지를 간과해서는 안 된다. 바로 '대상'이다. 쉬운 단어와 쉬운 단어를 결합하더라도 그 결과가 모호하고 이해하기 어렵다면 좋은 문장이 아니다.

언젠가 내가 영어 지문을 해석하는데, 단어 하나하나는 쉬운데 그 단어를 조합해 보니 해석이 안 된 적이 있다. 'see eye to eye'라는 문장이었다. 각 단어는 어렵지 않은데 막상 뭐라고 해석해야 할지 알 수 없었다. 알고 보니 이 문장은 '의견이 일치하다'라는 뜻이었다. 이 표현은 영어 관용어다. 관용어는 둘 이상의 단어가 합쳐져 원래 뜻과는 다른 의미로 쓰는 표현이다. '발이 넓다'라는 우리말 표현을 외국인이 보면 선뜻 의미를 알기 힘든 것과 같은 이치다.

우리는 문장을 쓸 때 '보는 대상'을 생각해야 한다. 그걸 고려하지 않으면 아무리 쉬운 단어의 조합으로 문장을 써도 실패할 가능성이 크다.

미니멀한 문장

내가 사는 집은 꽤 깔끔한 편이다. 깔끔할 수밖에 없는 이유는 물건 자체가 많이 없어서다. 나는 정리 자체를 귀찮아해서 집 안에 최소한의 물건만 놔두려고 한다.

결혼하면서 와이프랑 이 부분에 대해 얘기했다. 와이프는 나와 달리 이것저것 인테리어를 하고 싶어했기 때문이다. 와이프는 다른 여자에 비하면 화려하기보다는 수수한 스타일이지만 나와 비교하면 상대적으로 과했다.

나는 자취할 때 화장실 슬리퍼도 사용하지 않았다. 결혼 후 와이프에게 "왜 화장실 슬리퍼를 사?"라고 물으니까 아연실색하며 "당연히 사야 하는 거 아냐?"라고 반문했다. 와이프가 거실에 카펫을 깔자고 했을 때 내가 "굳이? 먼지 끼는데 그냥 맨바닥이 청소하기 좋지 않아?"라고 하자 어이없다는 듯이 나를 쳐다봤다. 와이프가 거실에 커튼을 달자고 하면 나는 "먼지 날리는데 웬 커튼? 커튼 달면 답답해 보이지 않을까?" 하고 반문했다.

늘 이런 식으로 이어지던 실랑이는 서로를 이해하는 선에서 합의했다. 그 합의의 원칙은 이렇다. 첫 번째 원칙은 기능이 있는 물건은 사되 장식소품은 사지 않기다. 두 번째는 디자인이 다르다는 이유로 같은 기능의 물건 사지 않기다. 커튼은 좋지만 커튼을 꾸미는 레이스 같은 소품은 사지 않고, 그릇도 단순히 디자인이 예쁘다는 이유로 여러 개를 사지 않는 식이다.

단어의 기능이 살아 있는 문장 만들기

이 합의의 원칙은 문장에도 적용할 수 있다. 내가 생각하는 미니멀한 문장은 단순히 짧은 문장이 아니다. 메시지를 전달하기 위해서 필요하다면 문장은 길어질 수 있다. 무조건 짧은 문장이 좋다는 가이드는 지양하는 편이다. 각자의 문체가 있는데 무조건 문장을 짧게만 쓴다면 그 맛이 사라진다.

모든 문장의 단어는 그 '기능'이 살아 있어야 한다. 한 문장에 같은 기능을 가진 단어가 있거나, 기능을 가진 단어를 단순히 꾸미는 단어는 생략한다.

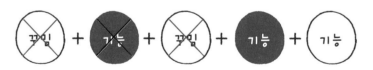

꾸미는 단어와 중복되는 기능의 단어는 삭제

예를 들어 다음과 같은 카피가 있다.

[오직 밥상에만 봄이 있고 여름도 있고 가을도 있고 겨울도 있다]

여기서 같은 기능의 단어는 '오직'이랑 '-에만'이다. '-에만'이 있기 때문에 '오직'은 삭제해도 '유일하다'는 뜻을 전달하는 데 무리가 없다. 또 '봄', '여름', '가을', '겨울'이라는 단어들을 '사계절'이라는 한 단어로 바꾼다면 조금 더 문장이 미니멀해진다. 그렇게 해서 문장을 수정하면 이렇게 바뀐다.

[오직 밥상에만 봄이 있고 여름도 있고 가을도 있고 겨울도 있다]

[밥상에만 사계절이 있다]

또 다른 예를 보자.

[무슨 책을 읽느냐에 따라 그 사람의 인격이 달라집니다]

여기서 뺄 수 있는 수식어는 '무슨'과 '그 사람의'다. 이 두 단어에는 특별한 기능이 없다. 마치 커튼을 꾸미기 위한 커튼 레이스 같은 단어다. 이 수식어를 빼고 문장을 재구성하면 이렇게 바뀐다.

[무슨 책을 읽느냐에 따라 그 사람의 인격이 달라집니다]

▼

[읽는 책에 따라 인격이 달라집니다]

아직 미니멀한 문장에 대한 감이 잡히지 않는다면 이런 방법이 도움될 수 있다. 당신의 오래된 책장에 꽂혀 있는 어릴 적 일기장을 꺼내 다시 읽어 보자. 당신이 9살에 쓴 일기장의 문장을 찬찬히 살펴보면 모든 문장단어의 기능이 살아 있고, 기능이 중복되거나 쓸데없는 수식어가 없음을 알게 된다. 예를 들어 내가 9살에 쓴 일기장을 살펴보면 이렇다.

난 오늘 태권도 심사를 봤다. 실수할 거 같아 많이 떨렸다. 심사가 끝나고 나서 사범님이 힘있게 발차기하라고 하셨다. 다른 친구들은 잘한 거 같은데 나만 못한 거 같아 걱정이었다. 심사가 끝나고 사범님이 빨간 띠를 주셨다. 기분이 좋았다. 앞으로는 8장을 연습해야 한다. 8장은 7장보다 어려워 걱정이다.

어떤가? 내용은 조금 유치하고 문법적으로 안 맞는 부분이 있지만 미니멀한 문장이 뭔지 알기에는 충분하다. 나는 가끔 어려운 내용을 쉬운 카피로 다듬으려고 할 때 9살의 나였다면 어떻게 썼을까 하고 고민한다. 9살로 돌아가서 그때의 나에게 문장을 맡기는 거다. 그럼 조금 더 문장이 쉽게 써진다. 우리가 어릴 적 동심을 잊지 말고 간직해야 하는 이유다.

카피라이터는 번역가다

인류 최초의 카피라이터는 누구일까? 창세기에 등장하는 '아담'이다. 아담은 신이 만든 최초의 여성에게 '이브'라는 이름을 붙여 줬다. 이름을 붙여 줬다는 것은 아담에게 지능과 판단능력이 있음을 뜻한다. 이 능력은 신의 속성이다. 하지만 아담은 신의 말씀을 어기고 선악과를 먹어 낙원에서 추방된다.

바벨의 언어와 낙원의 언어

네덜란드 화가 피테르 브뢰헬이 그린 〈바벨탑〉에는 슬픈 전설이 담겨 있다. 노아의 대홍수가 휩쓸고 지나간 후 노아의 후손들은 시날(바빌로니아) 땅에 정착했다. 그곳에서 사람들은 꼭대기가 하늘에 닿게 탑을 세우기로 했다.

성경에 기록된 그들의 탑 건축목적은 세계에서 가장 큰 규모의 탑을 쌓아 자기들의 이름을 떨치고 홍수와 같은 야훼의 심판을 피하기 위함이다. 그들의 민족신 야훼는 노아의 대홍수 이후에는 물로써 대심판을 하지 않겠다고 약속했는데, 그 약속의 표징이 무지개였다고 한다.

하지만 사람들은 야훼를 불신하는 상징으로 바벨탑을 세웠다. 이를 괘씸하게 여긴 야훼는 탑을 건축하는 사람들의 마음과 언어를 혼동시켜 멀리 흩어지게 함으로써 탑 건축을 중단시켰다. 그래서 그곳의 지명을 바벨(Babel) 또는 바빌론(Babylon)이라고 불렀다. 그 뜻은 '그가 (언어를) 혼잡하게 하셨다(창세기 11:9)'이다.[2]

독일의 철학자 발터 벤야민은 위의 2가지 이야기에 따라 인간의 언어가 2가지로 나뉜다고 했다.

첫 번째는 '바벨의 언어'다. 바벨의 언어는 우리가 흔히 사용하는 '말'로, 이는 한낱 '기호'에 불과한 타락한 언어이자 바벨탑의 전설에 얽힌 조각난 언어다.

두 번째는 '낙원의 언어'다. 낙원의 언어는 번역이 필요 없는 직관적인 순수 언어다. 우리는 상대방에게 사랑이라는 감정을 표현하기 위해서 '사랑'이라는 말을 사용한다. 하지만 이 사랑이라는 말은 단지 '기호'에 불과하다. 우리가 느끼는 사랑이라는 감정을 100% 전달하기에 부족하다. 낙원의 언어는 바로 사랑이라는 감정을 100% 표현할 수 있는 '직관의 언어'다. 낙원의 언어는 아담과 이브가 신의 말씀을 거역한 후 세상에서 사라졌다.

---

2 네이버 두산백과

카피라이터의 본질적인 역할

예술가는 신이 만든 이 객관적 세계와 인간이라는 주관적 존재 사이에 있는 중간 항이다. 예술가는 신이 창조한 객관적 세계를 주관적으로 판단하여 다시 상대적인 객관화 작업을 한다. 이 과정에서 필요한 작업이 바로 '번역'이다.

번역은 하나의 언어를 다른 언어로 변환하는 작업이다. 발터 벤야민은 이 세상의 모든 자연과 사물은 '말 없는 언어'를 가지고 고유의 본질을 전달한다고 했다. 보통 사람들은 그 언어를 해독하지 못한다. 사물들은 '인간의 말'로 자신을 전달하지 않기 때문이다. 하지만 예술가는 다르다. 그들은 바로 사물의 '말 없는 언어'를 '인간의 언어'로 번역하는 작업을 한다.

카피라이터 역시 번역가다. 예술가가 신의 언어를 인간의 언어로 번역하듯이 카피라이터는 '브랜드와 제품이 지닌 본질적인 요소'를 '인간의 언어'로 변환한다. 즉, 말 못하는 제품이 하고 싶어하는 말을 잘 파악하여 고객에게 전달하는 게 카피라이터의 본질적인 역할이다.

이때 카피라이터가 잊어서는 안 될 태도가 있다. 바로 '전달자'가 아닌 '안내자'로서의 태도다. 카피라이터는 고객에게 제품을 가르치기보다 '안내자' 역할을 수행해야 한다.

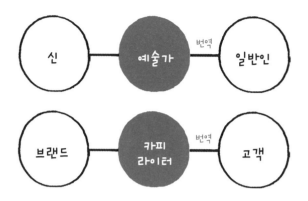

카피라이터가 전달자라기보다 안내자여야 하는 이유

전달자와 안내자의 차이를 알 수 있는 좋은 사례가 있다. 19세기 초 프랑스의 교육가 조제프 자코토는 네덜란드로 망명해 학생들에게 프랑스어를 가르친다. 문제는 자코토는 네덜란드어를, 네덜란드 학생들은 프랑스어를 모른다는 점이다. 자코토는 프랑스어 기초 문법도 알려주지 않은 채 학생들에게 프랑수아 드 페놀롱의 소설《텔레마코스의 모험》을 프랑스어와 네덜란드어 2가지 번역본으로 건네준다. 학생들은 두 번역본을 비교하며 문법을 깨달았고, 놀랍게도 프랑스어 실력이 작가수준에 이른다.

위와 같은 일이 가능했던 이유는 자코토가 학생들에게 지식전달자라기보다 스스로 깨우치게 하는 지식독려자 역할을 했기 때문이다. 자코토는 학생들 스스로 자신이 알고 있는 것과 모르는 것을 비교 대입하면서 지식을 확장하도록 했다. 앞의 프로세스를 구축하여 지식습득을 독려한 것이다.

프랑스의 철학자 자크 랑시에르는 《무지한 스승》이라는 책에서 조제프 자코토의 교육방식을 통해 보편적인 가르침 원리를 설명한다. 랑시에르는 학생의 지능을 교사에게 묶지 않고 책과 묶이게 해야 한다고 생각했다. 자신이 알고 있는 지식을 통해서 모르는 지식의 의미를 찾도록 하는 것이다. 그는 자코토가 그랬듯이 선생은 학생에게 문법규칙을 일방적으로 '전달하지 않고', 책들을 서로 비교하며 모름을 깨닫도록 '유도해야' 한다고 주장했다. 자코토의 제자들이 잘 아는 네덜란드어를 통해서 모르는 프랑스어를 깨우쳤듯이 말이다.

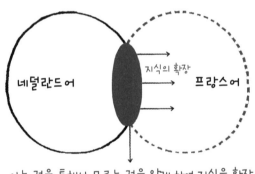

아는 것을 통해서 모르는 것을 알게 하여 지식을 확장

결국 카피라이터의 역할도 다르지 않다. 카피라이터는 '고객이 제품과 묶일 수 있도록' 안내자 역할을 해야 한다. 즉, 카피라이터는 고객이 제품에 대해 알고 있는 정보와 모르고 있는 정보

사이에서 스스로 알 수 있도록 하는 촉매제 역할을 할 뿐이다. 그래서 최고의 카피라이터는 제품에 대해서 모든 것을 말하지 않고도 고객이 모든 것을 알 수 있도록 한다.

영화 〈컨택트〉는 외계인 헵타포드와 영상교신할 수 있는 체경이라는 거울이 지구에 등장하면서 시작된다. 언어학자인 루이즈는 체경을 통해 헵타포드와 통신하면서 외계인들의 언어와 문자를 해석한다. 루이즈는 이 과정에서 그들의 사고체계를 습득함으로써 미래를 볼 수 있게 된다. 즉, 루이즈는 헵타포드의 세계관을 습득한다.

바로 이처럼 카피라이터뿐만 아니라 마케터나 기획자는 자신들만의 브랜드 세계관에 고객이 '접속'되길 원한다. 이는 결국 제품이 말하는 방식과 연결된다. 즉, 카피라이터나 마케터 등은 애플이 말하는 방식, 이케아가 말하는 방식, 테슬라가 말하는 방식, 카카오가 말하는 방식 등을 번역해 전달함으로써 고객을 브랜드 세계관에 접속시키는 역할을 한다. 카피라이터는 영화 속 루이즈처럼 고객 대신 브랜드의 언어를 습득하여 고객의 언어로 번역하는 작업을 수행한다.

우리는 오늘도 브랜드가 말하는 방식을 통해서 이 세계에서 놓치고 있는 순간을 체험한다. 카피라이터는 그 속에서 브랜드의 언어를 곱씹고 그것을 번역해 전달함으로써 고객들을 브랜드 세계관 속으로 안내하는 역할을 한다.

기능성 감각

감각을 '기능적'으로 볼 수 있다면 어떨까? 나는 얼굴이 예뻐서 만난 여자가 있었다. 그런데 시간이 지나니 그 예쁨에 무뎌졌다. 조금 더 시간이 지나자 예쁘다는 '감각'보다는 익숙함, 편안함이라는 '기능성'이 고개를 내밀었다. 이때부터는 그 여자의 얼굴이 예뻐서이기보다는 편안함이라는 기능성이 연애를 계속하게 했다.

나는 편안함이 권태라는 부정적인 감정으로 바뀔 때쯤 연애에 위기의식을 느꼈다. 이렇게 가다가는 곧 헤어질 것 같았다. 그래서 편안함이라는 '기능'을 새로운 관점으로 바라보려고 노력했다. 편안함은 '권태'가 아니라 '예쁨'이라고 말이다.

기능과 감각의 경계 허물기

우리는 편안함을 예쁨으로 인식하지 않는다. 편안함은 기능이지 미(감각)의 영역이 아니기 때문이다. 이렇게 우리는 기능과 감각을 분리해서 생각한다.

하지만 우리는 이 경계를 허물 수 있다. 예를 들어 여자친구가 내 사진을 찍어주는 것은 기능이지만 난 그 모습이 예쁘다. 1년, 2년 시간이 지나도 내 사진을 찍어주는 여자친구의 기능은 흔들림 없이 내게 예쁘게 다가온다. 나의 연애관이 감각에서 기능, 다시 기능에서 기능성 감각으로 업그레이드된 것이다.

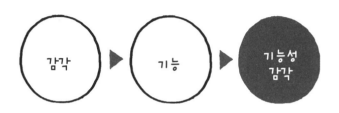

위 사례처럼 카피라이터에게는 기능과 감각 사이의 경계를 허무는 관점이 큰 힘이 된다. '손 떨림 보정으로 안전한 촬영'이라는 카메라의 단순한 기능을 감각적으로 바라볼 수 있다면 어떨까? 즉, 그 기능이 선사하는 감각이 무엇일지 생각한다면 우리는 '손 떨림 보정으로 안전한 촬영'이라는 삭막한 표현에서 한 발짝 더 나아갈 수 있다.

예를 들어 내가 짝사랑하는 여자를 카메라로 찍는다면 벌렁거리는 심장 따라 내 손도 같이 벌렁거린다. 이때 카메라가 의연히 나의 떨림을 잡아 주고 멋지게 그녀를 찍어 준다면 손 떨림 보정 기능은 한없이 예뻐 보인다. 이 관점으로 이렇게 카피를 고쳐 쓸 수 있다.

[흔들림 없는 사진, 떨리는 내 마음은 사진에 찍히지 않았다]

이런 식으로 제품이나 서비스의 기능에 따른 감각적인 결과를 상상해 보면 보다 구체적이고 살아 있는 카피를 쓸 수 있다.

제품의 기능 자체에 매몰되면 단순히 추상적인 기능을 전달하는 카피만 만들어진다. 이에 비해 고객이 구체적인 그림을 연상할 수 있는 카피를 쓰고자 한다면 '기능이 일으키는 감각적인 결과'에 주목해야 한다.

기능의 감각화, 감각의 기능화

카피는 흔히 크게 2가지로 나누어진다.

첫 번째는 '감각'을 묘사하는 카피다. 카스의 [부딪쳐라 짜릿하게], 삼성전자 무풍 에어컨의 [바람 없는 시원함], 네이버 해피빈의 [행복해지는 기부습관 해피빈]이 그렇다.

두 번째는 '기능'을 묘사하는 카피다. 밀리의 서재의 [독서와 무제한 친해지리](무제한), LG전자의 [자연색 그대로를 볼 수 있는 차원이 다른 TV](화질)가 그렇다.

사실 감각과 기능은 일맥상통한다. 감각의 결과가 기능이고, 기능의 결과가 감각이다. 미샤의 [72시간 마르지 않는 촉촉함]이라는 카피에서 촉촉함은 감각인가, 기능인가? 이건 크림이 지닌 높은 보습력이라는 '기능'을 촉촉함이라는 '감각 언어'로써 기능의 결과를 전달한 예다. 반대로 밀리의 서재의 [독서와 무제한 친해지리]라는 카피는 고객들에게 자유라는 감각의 결과를 무제한이라는 기능으로 연상하게 했다.

기능과 감각을 분리할 필요가 없는 이유

　고객과 카피로 소통할 때 '기능'을 출발점으로 감각을 말할지, 아니면 '감각'을 출발점으로 기능을 말할지에 따라 카피의 방향은 크게 달라진다. 카누는 '편리함'과 '고급스러운 맛'이라는 기능을 이렇게 감각적으로 전달했다.

[세상에서 가장 가까운 카페]

　'가까운'이라는 거리감각 언어로 편리함이라는 기능을 나타냈고, '카페'라는 표현으로 고급스러운 맛을 담고 있다는 기능을 나타냈다. 여기서는 소구하려는 기능을 정확히 파악하고, 기능이 가지고 있는 추상성을 감각 언어로 구체화하는 작업이 중요하다. 즉, 단순히 '카누는 편리하고 고급스럽다'가 아니라 그걸 구체적인 감각 언어로 변환하는 작업이 중요하다.

　귀뚜라미보일러의 거꾸로 타는 보일러는 비용 효율성이라는 기능을 [가스비도 거꾸로]라는 카피로 표현했다. '거꾸로'라는 위치감각 언어로 보일러의 '구동방식과 비용 효율성'이라는 기

능을 함께 나타냈다.

반대로 테라는 [이 맛이 청정라거다]라는 카피에서 기능을 통해 감각을 전달한다. '청정'이라는 기능을 통해 고객에게 '시원함'이라는 감각을 전달한 것이다. 유한젠의 [되찾자 유한젠의 산소방울로]라는 카피에서는 '산소방울'이라는 기능을 통해 '깨끗함'이라는 감각을 전달했다. 필립스의 [힘 대신 음파로 케어하세요]는 '음파'라는 기능을 통해 '안전함'이라는 감각을 전달했다.

이런 사례들처럼 기능을 통해 감각을 전달하고자 할 때는 그 기능이 고객에게 주는 명확한 '감각적 혜택'이 무엇인지 파악해야 한다. 그리고 기능을 통해 그 감각적 혜택이 연상될 수 있도록 기능 키워드를 중심에 두고 문장을 구성해야 한다. [힘 대신 음파로 케어하세요]에서 음파를 강조하기 위해서 그 대척점에 있는 '힘'이라는 단어를 앞에 두었듯이 말이다.

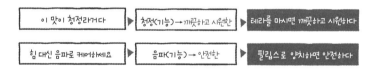

감이 잡히는가? 기능과 감각을 분리할 필요가 없다. 제품의 기능을 출발점으로 카피를 쓸 때는 늘 그 기능이 주는 감각의 결과를 생각하며 카피를 써야 하고, 제품의 감각을 출발점으로 카피를 쓸 때는 늘 그 감각이 말하고자 하는 기능을 고려해야 한다.

기능과 감각을 분리하는 이분법을 깬다면 새로운 시각에서 깊이 있는 카피가 나올 수 있다. 감각을 기능의 관점에서 볼 수 있고 기능을 감각의 관점에서 볼 수 있다.

다중코드 전략, 아이러니의 매력

카피라이팅이나 디자인 등 모든 창작물은 2가지 필터를 꼭 거친다. '스타일'과 '내용'이다. 이 2가지 필터가 없는 창작물은 없다. 카피라이터에게 스타일은 '문체'고, 내용은 문체를 통해서 전달되는 '메시지'다. 카피라이터는 문체와 메세지를 전략적으로 활용해야 한다. 이 2가지 필터를 전략적으로 활용할 수 있다면 우리는 고객에게 '다중코드'가 주는 아이러니한 매력을 전달할 수 있다.

밀당을 잘하는 법

다중코드 전략은 충돌하는 상반된 느낌을 동시에 전달하는 방법이다. '겉바속촉'이라는 말이 있다. 겉은 바삭한데 속은 촉촉한 음식을 말한다. '겉바속촉'도 일종의 다중코드 전략이다. 촉촉한 내용물을 감싸는 바삭한 스타일이 바로 겉바속촉이라는 모순된 매력을 전달한다.

밀당을 잘하는 사람들도 다중코드 전략을 활용한다. 우리는 흔히 '밀당'을 동일한 시간대 위에서 밀고 당김을 번갈아 하는 방식으로 생각한다. 카톡을 할 때 3번 정도는 빨리 답장하고 이후에 2번은 시간 차이를 두고 답장하는 카톡 밀당 같은 형식이다. 하지만 이는 잘못된 밀당이다. 밀당은 '동일한 시간대' 위에서 미는 코드와 당기는 코드를 '동시에 중첩'해야 한다. 즉, 밀고 당기기를 시간 차이를 두지 않고 동시에 진행해야 한다. 어떻게 이게 가능할까?

이런 방식은 '언어적 요소'와 '비언어적 요소'를 각각 상이한 코드로 동시에 진행해야 가능하다. 언어적 요소에는 '말'이 있고, 비언어적 요소에는 '제스처나 표정'이 있다. 만일 언어적 요소는 따뜻하게 하면서 비언어적 요소는 차갑게 한다면 어떨까? 이러면 상이한 2개의 코드를 동시에 전달할 수 있다. 이 형식은 상대방에게 아이러니한 매력을 준다. 밀당을 사례로 들었지만 이 방법은 상황에 따라 다양하게 응용할 수 있다.

면접을 볼 때를 생각해 보자. 면접에서 제스처와 표정은 매우 당당하고 자신감 있는 태도를 보이지만, 전달하는 말이 겸손하

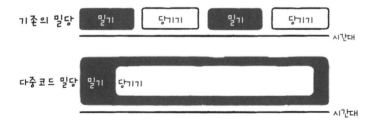

다면 어떨까? 너무 거만해 보이지 않으면서 소극적으로도 느껴지지 않아 매력적으로 보일 수 있다. 제스처와 말 둘 다 당당하거나 둘 다 겸손하면 상황에 따라서 거만하거나 소극적이라는 오해를 받을 수 있다. 이 줄타기를 잘하는 것이 상이한 코드를 동일한 시간대에 중첩시키는 다중코드 전략이다.

다중코드 전략의 효과적인 활용방법

매력적인 카피도 다중코드 전략을 사용한다. 바로 문체와 메시지를 서로 상반되게 충돌시켜 아이러니한 매력을 전달하는 방법이다. 광고주가 '위트 있으면서 한편으로 진중한 느낌의 카피를 써 주세요'라고 요청했다. 이게 도대체 무슨 말도 안 되는 요청이냐고 생각할 수 있다. 다중코드 전략을 사용하면 이 문제도 풀 수 있다. 간단하다. 문체는 위트 있게 하되 내용은 진중하게 쓰면 된다.

삿포르 맥주의 [삿포로 그대로]라는 카피가 있다. '-로'로 각운과 3음절 길이를 맞춰 위트 있는 문체를 구사했고, '삿포로 그대로'로 변하지 않는 브랜드 맛이라는 진중한 메시지도 함께 전달했다. 도루코의 [남자의 피부 날로 빛나다]라는 카피에서는 하루를 뜻하는 '날'과 '칼날'의 이중의미를 활용하여 위트를 더했다. '도루코가 남자의 피부를 매일, 면도날로 빛나게 한다'는 진중한 메시지도 전달했다.

[삿포로 그대로]

- 3음절 길이 맞춤
- '-로' 각운 맞춤

[남자의 피부 날로 빛나다]

- 동음이의어 '날' 활용
- 매일/면도날 이중의미 전달

다중코드 전략을 잘 활용하는 방법은 이렇게 정리할 수 있다. '문체'는 카피의 타깃에 맞춰서 구사하고, '메시지'는 브랜드의 소구 포인트를 전달한다. '문체'는 10대부터 60대까지 각 연령대별로 선호하는 어투와 정서가 다 다르다. 따라서 연령대별 선호도에 맞는 문체를 활용하여 정서적인 유대감을 형성하고, 브랜드의 목소리는 해당 정서를 담은 문체에 태워 전달하는 방법이 효과적이다.

매력적인 사람에게는 아이러니한 매력이 있듯이 매력적인 카피도 아이러니한 요소를 담고 있다. 그것을 구사하는 핵심적인 방법이 다중코드 전략이다. 매력적인 카피를 쓰고 싶다면 다중코드 전략을 고려해 보는 것도 좋은 선택이다.

문장의 효과와 의미

우리는 무지개를 7가지 색으로 보지만 무지개색 수는 문화권마다 다르다. 우리의 경우 조선시대 때 기본색이 '흑백청홍황'이었기 때문에 이 5가지 색으로 무지개를 바라봤다. 미국은 무지개를 '빨주노초파보' 6가지 색으로 본다. 남색이 빠진 이유는 미주권에서 파란색과 남색을 같은 색으로 보는 문화 때문이라는 주장이 있다. 아프리카에서는 무지개색을 빨강과 검정 2가지 색으로만 본다고 한다.

무지개색을 컴퓨터 프리즘으로 분광하면 7가지가 아니라 최대 207가지 색이 나온다. 흔히 아는 만큼 보인다고 하는데, 무지개색도 우리가 인식할 수 있는 만큼 색을 구분할 수 있다.[3]

카피의 중요한 목적 중 하나는 고객이 브랜드를 새롭게 인식하게 하는 데 있다. 지금까지 브랜드가 고객들에게 7가지 색으로만 비쳤다면, 카피가 '7가지 색만 있는 거 아니야. 여기 핑크색도 있잖아'라고 인식의 범위를 확장해 주는 역할을 해야 한다.

---

3 https://news.mt.co.kr/mtview.php?no=2015100122044229139

카피의 개념전환 문장 하나로도 이처럼 브랜드에 대한 고정된 인식 틀을 깰 수 있다.

제품의 기능과 서비스를 예쁘고 달달한 문장으로 포장하는 건 고객 입장에서는 단지 눈속임일 뿐이다. 물론 브랜드 입장에서 기존 위치에서 크게 벗어나고 싶지 않다면 이런 식의 포장지만 교체하는 카피가 필요할 때가 있다. 이럴 때는 기존 색에서 채도만 살짝 변화를 주면 된다. 진한 빨강에서 묽은 빨강이나 옅은 빨강으로 바꾸는 식으로 기존 계열 색에서 벗어나지 않는 선에서 움직이면 된다.

반면에 무언가 변화가 필요하고 기존과 다른 무언가를 고객에게 전달하고자 한다면 브랜드는 고객이 스스로 관점을 장착할 수 있도록 유도해야 한다. 이를 실현하려면 메시지의 의미보다는 효과, 더 정확히 말하면 '효과의 의미'를 생각해야 한다.

효과의 의미

효과의 의미란 무엇일까? 일단 '효과'부터 생각해 보자. 효과의 사전적 의미는 '어떤 목적을 지닌 행위에 의하여 드러나는 보람이나 좋은 결과'다. 즉, 어떤 행위로 생기는 결과가 효과다.

우리는 흔히 '효과'와 '의미'를 분리해서 생각한다. 영화감독과 관객이 대화하는 자리에서 관객이 감독에게 이런 질문을 던지는 경우가 종종 있다.

"형사 박두만이 범인이 잡히지 않자 부인과 한가롭게 시간을 보내는 장면은 무엇을 의미하나요?"

이 장면에는 감독의 의도가 담긴 의미가 있을 수 있다. 하지만 감독들은 영화 속 장면마다 서사적 의미를 부여하기보다 정서적 효과를 노린 연출을 하는 경우가 있다.

봉준호 감독은 〈살인의 추억〉에서 박두만(송강호)이 범인을 잡지 못하자 형사 일에 회의감을 느끼며 와이프와 한가한 시간을 보내는 장면을 연출했다. 이 장면은 특별한 의미가 있기보다 그 전까지 범인을 쫓는 상황을 보며 긴장감이 올라간 관객들을 조금 쉬어 가게 하기 위해 넣었다고 할 수 있다. 영화 속 서사적 의미가 아닌 '영화 밖 관객의 정서적인 효과'를 노린 장면이다.

그렇다면 이 장면은 정말 아무런 의미가 없을까? 그렇지는 않다. 우리는 '효과의 의미'를 생각해야 한다. 그 효과가 자아내는 의미가 무엇일지 말이다. 그건 영화 속 의미로 머물지 않고 영화 밖 관객이 느끼는 의미다. 관객은 그 쉬어가는 템포의 장면을 통해서 영화를 새롭게 환기하는 전환점을 맞는다. 바로 그 효과가 관객에게 자아내는 의미라고 할 수 있다.

감이 잡히는가? 의미를 전달하여 해석하게 하는 게 아니라 정서적 효과를 전달하여 영화를 새로운 관점으로 바라보게 하는 것이다. 의미만으로 채워진 메시지를 보면 해석해야 하지만, 효과로 채워진 메시지를 보면 '저절로 느낄 수' 있다. 고객이 브랜드가 전하는 의미를 해석하게 하는 게 아니라, 고객 스스로 느끼는 대로 의미를 만들도록 하는 것이다. 그것이 바로 '효과의 의미'다.

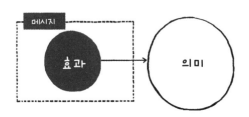

효과가 있는 카피 만들기

브랜드가 고객에게 정서적 효과의 메시지를 줄 수 있다면 고객이 브랜드를 바라보는 새로운 관점을 장착할 수 있다. 앞에서 고객이 브랜드를 바라보는 새로운 관점을 갖게 만들려면 효과의 의미를 생각해야 한다는 뜻과 일맥상통한다.

단순히 포장지를 교체하고 색깔의 채도를 변경하는 건 의미를 교체하는 작업이다. 효과의 의미를 생각하기 위해서는 문장 안에서 의미가 완결되는 게 아니라 문장 밖으로 의미가 열려 있어야 한다. 즉, 카피라이터가 문장을 완성하는 게 아니라 고객이 그 문장을 어떻게 느끼냐에 따라 완성을 달리하는 것이다. 그렇다면 과연 효과가 있는 문장이란 무엇일까?

무라카미 하루키는 어떤 책에서 이런 식의 문장을 읽었다고 한다.

'파리를 향하는 식당칸 안에서, 롬멜 장군은 점심 식사로 비프 커틀릿을 먹었다.'

하루키는 이 문장이 매운 인상 깊었다고 평했는데, 그 이유는 아래와 같다.

내가 어째서 이 별 볼 일 없는 문장을 잘 기억하고 있는가 하면, 색깔의 조화가 아름다웠기 때문이다. 우선 롬멜 장군의 빳빳한 감색 사지 군복, 하얀 테이블 크로스, 막 튀겨 낸 옅은 갈색의 비프 커틀릿, 버터에 가볍게 볶은 누들, 그리고 창 밖으로 펼쳐지는 북 프랑스의 푸르른 전원 풍경. 실제로는 그렇지 않았는지도 모르지만, 문장을 읽어나가며 파뜩파뜩 떠오르는 것이 그런 색깔들의 어울림이었던 것이다. 그렇기에 이렇다 할 의미도 없는 그런 문장이 언제까지고 머리 한 구석에 들러붙어 있는 것이다. 이러한 것을 문장의 미덕이라고 해도 좋으리라. 이를테면 <u>퍼짐새가 있는 문장</u> 말입니다. (중략) 그것은 그렇다 치고, 이런 문장을 읽고 있노라면 참을 수 없이 비프 커틀릿이 먹고 싶어진다.[4]

하루키의 말처럼 효과가 있는 문장은 '퍼짐새가 있는 문장'이다. 문장 안에서 의미가 갇혀 있지 않고 '문장 밖으로 퍼지는' 문장은 효과가 크다. 하루키에게 '비프 커틀릿을 먹는 롬멜 장군'

---

4 무라카미 하루키, 《무라카미 하루키 수필집 1》, 142~143쪽

이라는 문장은 정서적 효과를 줬을 뿐만 아니라 비프 커틀릿을 먹고 싶다는 식욕을 자극했다. 비프 커틀릿 세일즈 카피라이터가 그것을 노리고 쓴 카피였다면 대성공이다.

이 문장 안에는 비프 커틀릿은 갓 튀겨내어 식감이 바삭하고 입안 가득 풍미가 퍼져서 맛있다는 등 이런저런 의미를 가득 채우지 않았다. 의미라는 포장지를 걷어 내고 맨몸의 효과만을 남겨서 고객 스스로 포장지를 만들게 했다.

정동진 독립영화제의 슬로건은 [별이 지는 하늘, 영화가 뜨는 바다]다. 이 문장은 영화제의 정체성과 감성을 잘 드러내고 있다. 영화제에 얼마나 작품성 있는 영화가 있는지도 중요하지만 영화제가 관객에게 어떤 체험과 경험을 선사하는지도 중요하다. 그렇다면 영화제의 의미보다 정서적 효과를 자극하여 끌리게 만들어야 한다. '별, 영화, 바다' 이 3박자만 연상시켜도 관객들은 영화제를 통해서 어떤 경험을 할 수 있을지 연상할 수 있다. 한마디로 퍼짐새가 완벽한 문장이다.

만약 내가 쓴 카피의 퍼짐새로 누군가의 행동을 촉구하고 그 행동이 변화를 만든다면 그 카피는 수없이 다양한 의미로 변주될 수 있다. 문장이 불러일으킨 효과 그리고 그 효과가 만든 의미는 당신의 카피를 더욱 풍성하게 한다.

지금까지 설명한 챕터 2의 내용을 간략히 정리해 보자.

카피라이터에게 소통은 '쉬운 단어와 쉬운 문장을 통한 정확하고 빠른 메시지 전달'이다. 이를 위해서는 꾸미는 말이나 반복되는 기능의 말을 줄여 미니멀한 문장을 구사해야 한다.

카피라이터는 브랜드와 고객 사이를 잇는 번역가로서의 태도를 견지하여 고객이 브랜드 세계관에 쉽게 접속할 수 있도록 안내자 역할을 해야 할 때가 있다.

카피의 대상과 소통할 때는 기능과 감각을 구분하지 않는 유연한 관점으로 접근해야 보다 확장적인 메시지가 나올 수 있다. 또한 문체와 메시지 사이의 상반된 충돌효과를 통해서 아이러니한 매력의 카피로 고객과 소통할 수 있다.

고객이 직접 브랜드에 대한 관점을 장착하게 하기 위해서는 브랜드가 메시지를 주입하는 방식이 아닌, 메시지의 정서적 효과를 통해 고객이 의미를 스스로 만들도록 유도하는 방법이 필요하다.

3
창의

유사성, 서로 다름을 잇는 연결고리

은유의 본질은 한 종류의 사물을
다른 종류의 사물의 관점에서 이해하고 경험하는 것이다.
– 조지 레이코프, M. 존슨

여기저기서 창의성을 키워야 한다고 말한다. 이만큼 고리타분한 말도 없다. 지금 시대에 창의력이 중요하지 않다고 생각하는 사람이 얼마나 있을까.

회사에서도 마찬가지다. 팀원들이 팀장님에게 새로운 프로젝트를 제안한다. 팀원들은 이 프로젝트를 개척할 신묘한 해법을 기대하며 팀장님의 말씀을 기다린다. 브리핑 내용을 듣던 팀장님은 매우 심각한 표정으로 숨을 들이켜더니 한마디 한다.
"이번 프로젝트는 크리에이티브가 관건이겠네요."
난 속으로 생각한다. '아니 팀장님, 지금껏 크리에이티브가 안 중요한 프로젝트가 있었나요? 광고회사에서 지금 그게 할 소리세요? 네? 네? 왜 하나 마나 한 소리를 하세요.' 하지만 난 팀장님을 이해한다. 팀장님이라고 해서 모든 걸 알 리는 만무하다. 크리에이티브의 중요성을 다시 한번 상기하는 것도 나쁘지 않다.

이렇듯 모두가 창의성이 중요하다고 하지만 그 누구도 어떻게 창의성을 키울 수 있을지는 제대로 답하지 못한다. 이번 챕터에서는 인간은 어떤 사고방식으로 생각을 하고, 그 사고방식을 어떻게 활용하면 창의적인 생각으로 이어지는지에 대한 원리를 설명하겠다. 서두에서 말했지만 창의성은 하늘이 주는 영감이 아니다. '기술'이다. 어떻게 생각을 해야 하는지, 그 생각법을 안다면 당신의 창의력을 개발할 수 있다.

범주화, 생각의 시작

아메바도 생각이란 걸 할까? 우리는 흔히 덜떨어진 인간을 욕할 때 '아메바 같은 녀석'이라고 하지만 아메바도 생각을 한다. 아메바는 자기가 먹을 수 있는 것과 먹을 수 없는 것 그리고 다가가야 할 대상과 떨어져야 할 대상을 구분할 수 있다.

이건 의식적인 생각이라기보다 무의식적인 활동이다. 인지과학자들은 이를 '지각적 범주화(Perceptional Categorization)'라고 말한다. 다시 말해 생각이 아니라 신체감각을 통해서 대상을 범주화하고 구분한다.

인간이 범주화를 하는 이유

갓난아이가 이 세상을 범주화하는 첫 기준은 엄마의 젖꼭지 그리고 엄마의 젖꼭지가 아닌 것이다. 아이의 신체감각이 점점 발달할수록 범주화는 더욱 다양해지고 복잡해진다.

아이가 조금만 크면 자주 하는 말이 있다. '이건 뭐야?'다. 그럴 때마다 엄마와 아빠는 이건 개고 저건 꽃이라고 답한다. 그걸 들은 아이는 진돗개, 치와와, 푸들, 불도그 등 각기 다른 개를 모두 개라고 이해한다. 마찬가지로 장미, 개나리, 무궁화 등 각각 다른 꽃을 모두 꽃이라고 이해한다. 아이는 각기 다르게 생긴 개와 꽃을 봐도 그것들을 하나로 범주화하여 꽃과 개라고 기억한다.

이렇게 꽃이나 개와 같은 개념으로 이 세상을 범주화하는 걸 '개념적 범주화(Conceptional Categorization)'라고 한다. 그렇다면 왜 인간은 범주화를 할까?

인간의 '범주화'는 이 세상을 이해하기 위한 필수적인 사고방식이다. 인간에게 범주화 능력이 없다면 어떻게 될까? 아마 끊임없이 밀려오는 정보물결에 압도당해 신경쇠약에 걸릴 것이다. 미각만 해도 인간은 크게 단맛, 짠맛, 신맛, 쓴맛, 감칠맛 딱 5가지 범주화로 구분할 수 있다. 범주화 사고가 없다면 이 맛이 어떤 맛이냐고 물어보는 친구에게 아마 이렇게 답해 줘야 할 것이다.

"내가 3년 전에 홍대에서 먹었던 31가지 맛 아이스크림 중에 7번째 아이스크림이랑 비슷한 맛이야."

"매운 라면에 내가 2년 전에 먹었던 곱창 소스를 섞은 맛이야."

그럼 친구는 그 맛이 도대체 무슨 맛인지 몰라 갸우뚱할 게 분명하다. 그뿐만 아니라 이 세상의 모든 개를 '개'라고 범주화할수 없다면 아이에게 매번 "이건 이 세상에 있는 3,671번째 치와와란다"라고 설명할 수밖에 없다. 이렇게 되면 사실상 의사소통은 불가능하다.

범주화의 기반이 되는 능력

이런 범주화는 인간만이 할 수 있는 사고능력이다. 웹사이트에 가입하거나 인증할 때 캡차(CAPTCHA)라는 보안문자 프로그램을 많이 봤을 것이다. 9등분된 그림 타일에서 신호등이 있는 그림을 모두 선택하라는 식이다. 캡차는 컴퓨터와 사람을 구별해서 자동화 해킹으로부터 사이트를 보호하려고 한다. 이 프로그램의 기능을 거꾸로 생각해 보면 고도로 발달한 컴퓨터조차 똑같은 그림을 구분하지 못한다는 의미가 된다.

인지과학자들은 컴퓨터가 범주화적 사고를 하게 하는 건 불가능에 가깝다고 한다. 과거에는 컴퓨터의 범주화가 유사성이 아니라 동일성을 기준으로 했기 때문이다. 컴퓨터에게 이 세상의 모든 개의 시각정보를 주입했다고 해 보자. 이런 경우 컴퓨터는 자기에게 저장된 개의 시각정보와 조금이라도 다른 모습의 개가 나오면 개라고 인지하지 못한다. 다만 지금은 컴퓨터 패턴인식이 동일성이 아니라 유사성을 기준으로 대상을 판단하는 방향으로 발전되고 있다.

'유추'는 유사성을 판단하는 능력이다. 서로 다른 사물들 사이에서 공통된 성질을 추리하는 능력이 바로 유추다. 우리가 범주화적 사고를 할 수 있는 기반에는 유추사고 능력이 있다. 우리가 개나리, 민들레, 유채꽃, 장미 등 각기 다른 꽃들을 봐도 그것이 '꽃'이라고 범주화할 수 있는 까닭은 인간에게는 유추능력이 있기 때문이다. 따라서 유추는 범주화의 또 다른 이면이라고 할 수 있다.

개념적 혼성, 생각의 실험실

SF 영화의 고전이라고 불리는 〈에이리언〉 시리즈가 탄생할 수 있었던 계기는 단 한 줄의 카피였다. 〈에이리언〉이 제작되던 1970년대에는 SF 장르가 큰 주목을 받지 못했다. 그러다 1977년에 개봉한 〈스타워즈〉가 큰 성공을 하면서 할리우드는 SF 장르를 새롭게 봤다. 〈에이리언〉의 각본을 쓴 댄 오배넌은 자신의 각본을 알리기 위해 〈에이리언〉 시나리오를 이렇게 표현했다.

[에이리언은 우주판 죠스다]

할리우드 제작자들은 이 단 한 줄의 카피로 영화 〈에이리언〉의 비전을 알아봤고, 그 당시 친숙하지 않았던 SF 호러 장르를 새롭게 개척할 수 있었다.

4가지 정신공간과 개념적 혼성

이쯤 되니 영화보다 댄 오배넌이 어떻게 이런 카피를 쓸 수 있었는지가 더 궁금하지 않는가. 그는 '우주판 죠스'라는 신선한 카피를 어떻게 생각해 냈을까? 그 이유는 간단하다. 우리 뇌의 특별한 사고방식 때문이다. 그 비밀을 안다면 당신도 이런 멋진 카피를 생각해 낼 수 있다.

《우리는 어떻게 생각하는가》를 쓴 인지과학자 질 포코니에와 마크 터너는 우리의 머리에는 '정신공간(Mental Space)'이 있다고 말한다. 정신공간은 우리가 생각하고 말하면서 뇌 신경들이 구축되는 일종의 연결망이다. 정신공간은 총 4가지 공간으로 구분된다.

첫 번째와 두 번째는 2개의 '입력공간'이다. 한 가지 개념의 속성들이 각각의 입력공간에 모여서 정리된다.

세 번째는 '총칭공간'이다. 총칭공간은 각각의 입력공간에 있는 속성들을 모아 서로 공통적 요소를 대조하는 장소다.

네 번째는 '혼성공간'이다. 혼성공간은 총칭공간에서 발견된 공통적 요소를 합치는 장소다. 이렇게 서로 다른 개념들이 합쳐지는 현상을 '개념적 혼성(Conceptual Blending)'이라고 하는데, 이것이 이뤄지는 정신공간이 '혼성공간'이다.

'개념적 혼성'은 '개념적 통합(Conceptual Integration)'이라는 과정을 통해 이뤄진다. '컴퓨터 바이러스'라는 개념을 살펴보자. 바이러스는 원래 동물, 식물과 같은 생명체를 통해서 감염돼 질병을 일으키는 병원체인데, 컴퓨터 시스템을 망가뜨리는 악성 코드가 생기면서 '컴퓨터 바이러스'라는 새로운 개념이 만들어

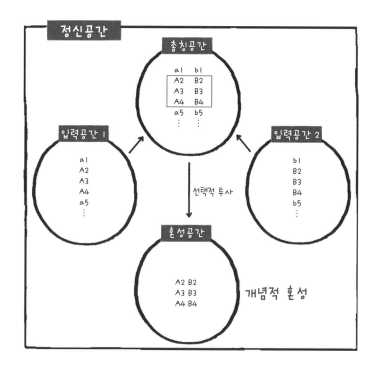

졌다.

　컴퓨터 바이러스도 악성 프로그램과 바이러스가 지닌 유해함, 시스템 붕괴 등과 같은 공통된 요소가 혼성공간으로 투사되어 만들어진 합성어다. 즉, 컴퓨터의 '악성코드'와 '바이러스'라는 각기 다른 2가지 개념이 개념적 통합을 이루면서 '컴퓨터 바이러스'라는 개념이 창조됐다.

선택적 투사가 이루어지는 과정

개념적 혼성은 막무가내로 이뤄지지 않는다. 개념적 혼성을 하기 위해서는 '선택적 투사'라는 과정을 거쳐야 한다. '선택적 투사'는 총칭공간에서 선택된 대응요소를 혼성공간에 투사하는 것을 말한다. 이 선택적 투사과정이 없다면 의미불명의 개념들이 남발된다. 새로운 개념이 만들어지는 개념적 혼성은 바로 다음과 같은 선택적 투사과정을 통해 이뤄진다.

예를 들어 [연애는 여행이다]라는 문장을 만들었을 때 우리 머릿속에서는 어떤 과정들이 이뤄지는지 살펴보자. 먼저 '연애'라는 입력공간 1과 '여행'이라는 입력공간 2가 만들어진다.

입력공간 1에는 '연애'를 구성하는 속성들이 있다. 설레임, 짜릿함, 만남, 즐거움, 소통, 사랑, 관계, 신뢰, 키스 등이다. 그리고 입력공간 2에도 '여행'을 구성하는 속성들이 있다. 설레임, 짜릿함, 만남, 즐거움, 관광, 휴양, 문화, 낯선 등이다.

여기서 두 입력공간을 이루는 속성들 사이에서 관계를 대조하는 '총칭공간(Generic Space)'이 생긴다. 이 총칭공간에서 두 입력공간의 속성들 사이에서 공통으로 대응하는 요소, 예를 들어 설레임, 짜릿함, 만남, 즐거움 등을 뽑아 혼성공간으로 내보낸다.

이 과정이 위에서 설명한 '선택적 투사'다. 바로 이 과정을 통해 서로 대응하는 공통된 속성을 바탕으로 '연애'와 '여행'을 결합하여 [연애는 여행이다]라는 문장이 만들어진다.

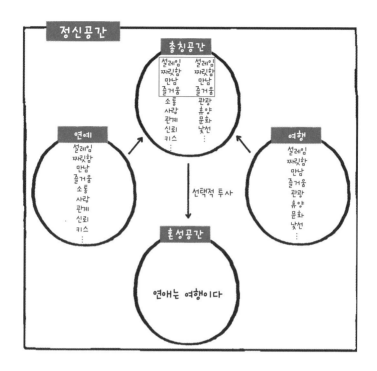

이번에는 [마음은 호수]라는 비유를 보자. 이 비유문장은 총칭공간에서 입력공간 1의 '마음'과 입력공간 2의 '호수' 사이에 대응하는 깊다, 넓다, 투명하다 같은 대응요소를 혼성공간으로 내보내는 선택적 투사를 통해 만들 수 있다.

개념적 혼성을 이용해 카피 만들기

위와 같은 개념적 혼성과정을 통해서 어떻게 카피를 만들 수 있을지 실질적인 예를 살펴보자. 인지과학자 질 포코니에와 마크 터너는《우리는 어떻게 생각하는가》라는 책에서 개념적 혼성의 예로 미국의 학교 교육수준 향상을 위한 캠페인 광고를 들었다. 예시 그림은 아래와 같다.

이 포스터와 카피가 말하고자 하는 바는 무엇일까? 포스터에는 아직 제대로 교육받지 못한 어린이 3명이 수술대 앞에 서 있는 모습이 담겨 있다. 이런 묘사를 통해 미국의 학교교육이 지금처럼 낮은 수준으로 운영된다면 그들이 자라서 의사가 되어도 7살 아이에게 수술을 받는 것과 같다고 말하며 교육수준 증대를 촉구하고 있다. 이 아이디어가 나오기까지의 과정을 지금까지

[조이, 케이티, 토드가 당신의 혈관우회수술을 할 것입니다]
*출처 : education excellence partnership website, 2001

설명한 도식대로 분석해 보자.

먼저 입력공간 1에는 조이, 케이티, 토드라고 통칭되는 '어린 아이'의 모습에서 나오는 어린이, 불안함, 무능력, 순수한, 해맑음이라는 속성이 있다. 입력공간 2에는 '낮은 수준의 교육을 받은 외과의사'라는 이미지에서 나오는 성인, 불안한, 무능력, 성숙함, 조숙함이라는 속성이 있다.

이 두 입력공간의 속성들을 총칭공간에서 대조하여 공통된 속성을 혼성공간으로 내보내는 선택적 투사를 하면 '7살 외과의

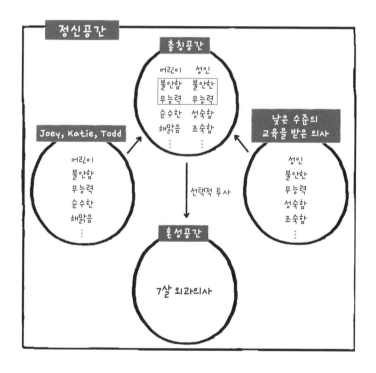

사'라는 개념적 통합 키워드가 나온다. 이 키워드를 확장하면 포스터에 나오는 [조이, 케이티, 토드가 당신의 혈관우회 수술을 할 것입니다]라는 카피로 구체화할 수 있다.

혼성공간에서는 대응요소뿐만 아니라 비대응요소도 함께 투사된다. 앞에서 예로 든 [에이리언은 우주판 죠스다]는 대응요소와 비대응요소가 함께 어우러져 만들어진 문장이다. 입력공간 1에 있는 영화 〈에이리언〉에는 괴물, 긴장감, 공포감, 죽음, 우주, 미스터리 등과 같은 속성이 있다. 입력공간 2에 있는 영화 〈죠스〉

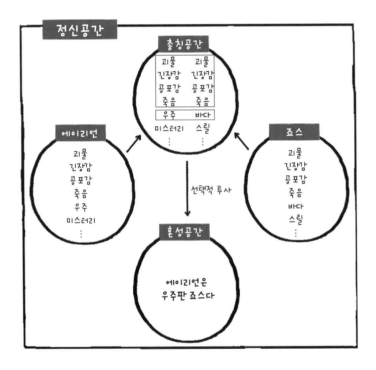

에는 괴물, 긴장감, 공포감, 죽음, 바다, 스릴 등과 같은 요소가 있다.

이 두 요소 사이에서 공통으로 대응하는 요소는 괴물, 긴장감, 공포감, 죽음이다. 반면에 비대응요소는 우주, 바다다. [에이리언은 우주판 죠스다]에서는 비대응요소인 우주를 함께 투사하여 문장을 만들었다. 대응요소 사이에 우주라는 비대응요소를 투사함으로써 영화 〈죠스〉와 영화 〈에이리언〉 사이의 차별점을 확연히 드러냈다. 이로 인해 이 문장을 본 할리우드 제작자는 친숙한 죠스를 통해서 우주라는 차별요소를 쉽게 연결해 연상할 수 있었다.

개념적 혼성을 잘 버무리는 방법

사실 개념적 혼성으로 만들어진 말은 일상생활에서도 쉽게 찾아볼 수 있다. '모태솔로'라는 말은 태어나기 전부터 엄마 배 속에서 자기 의지와 상관없이 신앙을 받은 '모태신앙'이라는 말과, 이성친구가 없는 상태를 가리키는 '솔로'라는 말이 합쳐져서 만들어졌다. 자기 의지와 상관없이 태어날 때부터 순수성을 지녔다는 공통된 대응요소로 만들어진 '모태솔로'는 태어나서 지금까지 단 한 번도 이성친구를 사귄 적 없는 사람을 가리키는 합성어로 확장하여 사용되고 있다.

'핵인싸'라는 말은 사물이나 현상의 중심을 뜻하는 '핵'이라는 말과 여러 사람과 잘 어울린다는 뜻을 가진 인사이더가 합쳐져 만들어졌다. 이처럼 중심이라는 공통된 대응요소로 결합된 합성 어인 '핵인싸'가 지금은 무리에서 겉돌지 않고 무리의 중심에서 사람들과 잘 지내는 사람을 가리키는 말로 사용되고 있다.

개념적 혼성을 잘 버무리는 방법은 서로 다른 사물들 사이에 서 유사성을 발견하는 눈을 기르는 것이다. 다른 요소들 사이에 서 유사성을 찾아 연결할 수 있다는 건 크리에이티브의 시작이 자 끝이다. 지금부터 바로 이 유사성이 얼마나 큰 크리에이티브 한 힘이 있는지 설명하겠다.

유사성을 찾는 방법

4살 꼬마 아이의 화법은 어른들에게는 독특하게 들린다. 어린아이가 하는 "내가 바나나 옷을 발가벗겼어", "비가 꺼져 버렸어", "아빠 담배가 녹고 있어"라는 말은 "내가 바나나 껍질을 깠어", "비가 그쳤어", "아빠 담배가 타고 있어"라는 의미다.

이런 현상은 외국어를 처음 배우는 어른들에게도 나타난다. 영어 초보자들은 '물을 마시고 싶다'를 'I want to eat water'라고 표현하기도 한다. 정확한 표현은 'I want to drink water'다. 한국인들은 '먹다'와 '마시다'라는 동사를 굳이 구분하지 않고 '먹다'로 포괄적으로 쓰기 때문에 'I want to eat water'라는 표현을 쓰게 된다.

추상화를 통한 현상의 단순화

어린아이나 영어 초보자들이 위와 같이 표현하는 이유는 '자신이 잘 알고 익숙한 것을 통해서 낯선 세상을 설명'하려고 하기 때문이다. 더글라스 호프스태터와 에마뉘엘 상데는 그들이 쓴《사고의 본질》이라는 책에서 위와 같은 현상이 생기는 이유에 대해 '아이가 생각하는 개념은 어른들이 생각하는 것보다 포괄적이며 따라서 더 폭넓은 상황에 적용할 수 있기 때문'이라고 했다.

아이에게는 '껍질'보다는 '옷'이라는 개념이 더 익숙하고, '까다'보다는 '벗다'라는 개념이 더 익숙하다. 늘 엄마로부터 '옷 벗자'라는 말을 들었을 테니 말이다. 이처럼 아이의 관점에서는 바나나 껍질을 까는 행위가 바나나 옷을 벗기는 것과 같기 때문에 '바나나 옷을 발가벗겼다'라는 표현이 나오게 된다. 아이가 옷, 껍질 그리고 벗기다, 까다 사이에 '개념적인 유사성'을 발견함으로써 그런 표현이 나왔다고 볼 수 있다.

'아빠 담배가 녹고 있어'라는 표현 역시 늘 간식으로 먹던 아이스크림이 녹아내리는 모습과 담배가 타는 모습이 유사하여 그렇게 표현했을 가능성이 높다.

《사고의 본질》에서 설명하는 포괄적인 개념 사용이란 결국 '추상화'다. 추상화는 현상을 '단순화'시킨다. 아이에게 까다와 벗다는 '동일'하다. 아이가 두 개념을 동일시할 수 있는 이유는 그 현상을 '추상적으로' 봤기 때문이다. '표피에 있는 물체를 없애는 것'은 까다와 벗다를 관통하는 '상위 개념'이다. 이 추상화 관점에서 봤을 때 까다와 벗다는 아이에게 큰 차이가 없다. 또 '입을 통해서 음식을 배 속으로 들여보내는 행위'라는 추상적 관점에서 먹다와 마시다 사이에도 큰 차이가 없다.

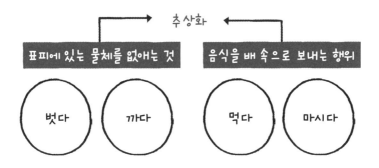

다름에서 유사성을 파악하는 사고방식

결국 사물 간의 유사성은 그 대상을 넓게 혹은 좁게 보느냐에 따라 다르게 파악할 수 있다. 예를 들어 '사람은 동물이다'와 '사람은 동물이 아니다'라는 상반된 표현을 보자. '사람은 동물이다'라는 표현은 사람과 동물 사이의 '유사성'에 주목한다. 이런 유사성의 관점은 사람과 동물을 '생물'이라는 추상화의 개념으로 바라봤기 때문에 발견할 수 있었다. 생물은 사람과 동물 사이를 관통하는 상위 개념이다. 이 상위 개념 안에서는 사람과 동물 사이에서 유사성을 발견할 수 있다.

반면에 '사람은 동물이 아니다'라는 표현은 사람과 동물의 '개별적인 특징'에만 주목한다. 그렇기 때문에 서로 같다고 보지 않는 것이다.

마찬가지로 서울, 대전, 대구, 부산을 '국가적 관점'에서 한국이라는 상위 개념으로 보면 유사하지만, '지역적 관점'에서 보면 서울, 대전, 대구, 부산은 각기 다른 개념이 된다.

이렇게 서로 다른 대상들 사이에서 유사성을 파악하는 인간의 사고방식을 '유추'라고 한다. 헬렌 켈러는 시각과 청각장애가 있었다. 그녀가 장애가 있음에도 고등 지식을 얻고 사회운동가로 성장할 수 있었던 이유는 유추능력이 있었기 때문이다. 그녀는 자신의 유추적 사고를 다음과 같이 표현했다.

나는 관찰한다, 나는 느낀다. 나는 상상한다. (중략) 나는 셀 수 없을 만큼 다양한 인상과 경험, 개념을 결합한다. 이 가공의 재료를 가지고 내 머릿속에서 하나의 이미지를 만들어낸다. (중략) 세계의 안과 밖 사이에는 영원히 마르지 않는, 닮은 것들로 가득 찬 바다가 있지 않은가. (중략) 내가 손에 들고 있는 꽃의 신선함은 내가 맛본 갓 딴 사과의 신선함과 닮았다. 나는 이러한 유사성을 이용해서 색에 대한 개념을 확장한다. 내가 표면과 떨림과 맛과 냄새들의 특질에서 이끌어낸 유사성은 보고 듣고 만져서 찾아낸 유사성과 같은 것이다. 이 사실이 나를 견디게 했고 눈과 손 사이에 놓인 간극에 다리를 놓아주었다.[5]

헬렌 켈러는 정상적으로 남아있던 후각과 촉각만으로 이 세상의 개념을 학습했다. 그렇게 얻은 개념만으로 수많은 연상과 유

---

5 로버트 루트번스타인·미셸 루트번스타인, 《생각의 탄생》, 196쪽

사성을 통해 시각적·청각적 정보를 '유추'했다. 그녀가 듣지도 말하지도 못함에도 몇 개 국어를 학습하고, 자기 생각을 글로 적어 사람들을 설득할 수 있었던 이유는 바로 이러한 유추능력이 있었기 때문이다.

유추능력을 통한 사고의 확장

유추능력의 힘은 내가 알고 있는 것을 통해서 모르는 것을 파악할 수 있는 '확장성'이다. 정육각형의 벌집은 다양한 분야에 영향을 줬다. 건축가들은 정육각형의 벌집을 통해 정육각형 구조가 효율적인 공간활용을 가능하게 한다고 유추했다. 정육각형의 벌집은 벌집 무게의 30배나 되는 양의 꿀을 저장할 정도로 공간활용도가 높고 튼튼하다.

실제로 여기에서 영감을 얻은 HP 사는 엘리트 노트북의 소재와 소재 사이에 벌집 구조물을 넣어 노트북을 떨어뜨려도 충격을 흡수하도록 했다. 또 가구 브랜드인 몰테니에서는 벌집모양의 알루미늄 재료를 써서 나무소재의 형태 변형을 막았다. 기저귀에도 소변 흡수체에 육각형 구조를 접목함으로써 흡수체가 흐트러지지 않게 해서 흡수력을 높이고 뭉침을 줄여 아기 피부를 보호할 수 있게 했다. 이처럼 단순한 육각형의 벌집모양이 확장한 분야를 보면 유추능력이 얼마나 창의적인 힘을 발휘하는지 알 수 있다.[6]

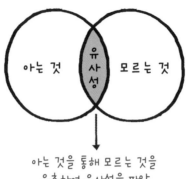

아는 것을 통해 모르는 것을
유추하여 유사성을 파악

결국 우리가 흔히 말하는 '영감'의 실체는 유추에서 비롯된다. 아르키메데스가 욕조 물에 몸을 담갔을 때 물이 흘러넘치는 현상을 통해 질량과 부피의 관계를 알아낸 것도 유추 때문이다. 뉴턴은 사과나무에서 사과가 떨어지는 현상을 보고 중력의 법칙을 유추했다.

생각이 풀리지 않을 때, 생각의 활로가 막혔다고 판단될 때 잠시 휴식을 취하라는 까닭은 단순히 쉬면서 에너지를 아끼라는 말이 아니다. 휴식하면서 자기 안에 있는 걸 끄집어내기 위해 자기를 되돌아보는 시간을 가지라는 말이고, 문제에만 매몰되지 말고 문제와 상관없는 외부 대상과의 접점을 늘려 문제해결의

---

6 https://www.itfind.or.kr/UWZIN/file3203-%EC%B2%A8%EB%8B%A8%20
%EA%B3%BC%ED%95%99%EC%9D%80%20%EC%9C%A1%EA%B0%81%
ED%98%95%20%EB%B2%8C%EC%A7%91%EC%9D%84%20%EC%A2%8B%
EC%95%84%ED%95%B4.pdf

실마리를 얻으라는 말이다.

유사성을 발견할 수 있는 원동력은 자신이 얼마나 '풍성한 삶을 사느냐'에 달려 있다. 삶이 풍성하다면 자신과 세상을 연결시킬 수 있는 연결고리가 다양해진다. 그러면 하나의 대상을 단일한 관점이 아니라 다양한 스펙트럼으로 볼 수 있게 된다. '스펙트럼이 넓다'는 건 세상과의 연결접점이 많다는 뜻이며, 이는 다양한 유사성을 발견할 수 있게 한다.

그러기 위해서는 '감각의 레버리지'를 확장해야 한다. 다른 사람과 동일한 일상을 살더라도 그들이 미처 보지 못한, 일상 속에 묻어 있는 티끌 같은 감각을 느낄 수 있어야 삶은 풍성해진다. 당신이 그런 감각을 느낄 수 없다면 영화나 문학, 예술작품을 통해서 학습해야 한다. 그게 싫다면 당신보다 섬세한 감각을 지닌 친구가 바라보는 세상의 풍경을 간접적으로 느껴 봐도 괜찮다. 이와 같은 내적인 풍성함이 모든 영감의 원천이 된다. 삶을 풍성하게 하는 건 결국 당신이 무엇을 느끼고 무엇을 할 수 있느냐에 달려 있다.

'할 수 있음' 리스트 만들기

한 연구에 따르면 파리는 벽과 문을 구분하지 못한다고 한다. 파리에게 벽과 문은 동일하다. 반면에 강아지는 벽과 문은 구분하지만 벽과 벽걸이 액자는 구분하지 못한다. 물론 사람은 이 모두를 구분할 수 있다. 그럼 왜 파리와 강아지는 벽과 문, 벽과 벽걸이 액자를 구분하지 못할까?

그 이유는 '할 수 있음'과 '할 수 없음'의 차이에 있다. 파리는 문을 열고 드나들지 못한다. 문을 '열 수 없기' 때문이다. 강아지는 문을 열고 드나들 수는 있지만, 액자를 '감상할 능력은 없다'. 이처럼 '할 수 있음'은 인식과 감각의 지평을 넓힘으로써 세계를 지각하는 전혀 다른 관점을 제공한다.

파리에게 이 세계가 그저 벽과 벽이 아닌 것으로 구분된다면, 강아지는 적어도 벽과 출구로는 구분할 수 있다. 이와 같이 '할 수 있음'은 이 세계를 지각하는 방법이 된다. 하지만 이 사례처럼 외형적 조건의 한계만으로 '할 수 있음'과 '할 수 없음'을 구분하기에는 다소 무리가 있다. 파리는 강아지가 될 수 없고, 강아지는 인간이 될 수 없기 때문이다. 그럼 이를 인간의 영역에 적용했을 때 '할 수 있음'과 '할 수 없음'은 어떤 차이와 의미를 만들게 될까?

할 수 있음의 리스트를 늘린다는 것

인간에게 '할 수 있음'은 '앎'과 연결된다. 우리는 할 수 있는 것을 하지 못하는 것보다 더 잘 안다. 예를 들어 우리가 암벽등반을 할 수 있다면 암벽에 대해 잘 아는 것이다. 반면에 우리가 수영을 잘 못한다면 아무래도 물에 대한 이해도는 떨어질 수밖에 없다.

어쩌면 이 세계와 맞닥뜨리며 풍부한 삶을 산다는 것은 '할 수 있음'의 리스트를 쌓아가는 일일지도 모른다. '할 수 있음'은 이 세계와 접촉하는 몸의 감각을 넓히고, 그 넓어진 감각은 이 세계의 또 다른 지식으로 안내한다.

'할 수 있음'의 리스트를 늘리는 것은 이 세계를 이해하는 데 도움을 준다. 인간에게 '할 수 있음'의 리스트를 넓히는 일은 거창하지 않다. 외국어를 할 수 있고, 글을 쓸 수 있고, 사진을 찍을 수 있고, 코딩을 할 수 있고, 운전을 할 수 있고, 여행을 할 수 있고, 비행기를 탈 수 있고 등 사소한 것에서부터 '할 수 없음'의 영역을 '할 수 있음'의 영역으로 이동시키면 된다. 물론 이를 위해서는 할 수 없던 낯선 것들을 직면하는 용기와 노력이 필요하다.

행동이 만드는 에너지

행동은 지능이 높다. 예를 들어 글을 머릿속에서만 쓸 때와 직접 타이핑하며 쓸 때의 차이는 엄청나다. 머릿속에서 생각을 정리할 때는 생각 이상이 나오지 않는다. 똑같은 생각을 글로 타이핑할 때는 내가 생각지도 못한 생각들이 마구 튀어나온다. 마치 마법 같다. 생각이 글을 쓰는 게 아니라 글이 또 다른 생각을 잉태하는 느낌이다.

그 이유는 명료한 단어로 생각을 개념화해서 생기는 확장력 때문이다. 개념은 또 다른 개념으로 연결되고, 점점 사고의 틀이 〈원숭이 엉덩이는 빨개〉라는 노래처럼 이어진다. 생각으로만 머무르면 개념이 명료하지 않지만 글로 옮길 때는 개념화된 구조가 되기 때문이다.

글쓰기뿐만 아니라 행동이 만든 에너지가 발동시키는 생각의 확장력을 무시할 수 없다. 행동이 낳은 경험과 그 경험으로 인한 새로운 피드백 그리고 그것이 생각을 자극하면서 점점 생각의 범위는 확장된다. 생각으로만 머무를 때는 경험이라는 것도 모호하고 모든 것이 명료하지 않다. 뿌연 안개 속에서 사는 것과 다르지 않다.

와이프가 최근에 홈트레이닝 요가를 시작했다. 요가를 하고 난 후 요가 선생님이 던지는 질문에 답하는 글을 매일 쓰고 있다. 몸을 움직이면서 느꼈던 바를 글로 남기면서 '나'를 알아가는 시간이다. 요가를 하면서 쓰지 않던 근육을 쓰고, 지금껏 몰랐던 자기의 몸에 대해 알게 될수록 '나'라는 존재에 대해 깊게 성찰할 수 있게 된 듯하다. 나도 살면서 아직 개발되지 못한 내 안의 또 다른 '나'가 있을 것이다.

'할 수 없음'을 메워 주는 무기

그럼 도저히 '할 수 없음'에 직면한다면 어떻게 해야 할까? 인간은 '상상'을 할 수 있다. 행동으로 옮기지 못한다고 해서 할 수 없는 영역을 이해 못하는 건 아니다. 자전거를 타지 못한다면 누군가가 태워 주는 자전거 뒤에 앉아 자전거를 운전한다는 것이 어떤 느낌일지 어림잡아 상상할 수 있다. 유럽에 가지 못한다면 유럽 여행 서적과 사진을 통해 유럽을 상상할 수 있다.

이처럼 인간의 '상상력'은 할 수 있음과 할 수 없음의 영역을 가로지르는 도구가 된다. 상상할 수 있음이 인간에게는 할 수 없음의 영역을 메워 주는 무기가 된다.

가끔 삶을 살면서 내가 놓치고 가는 것은 없는지 생각한다. 바쁜 일상이라는 파도에 휩쓸리는 사이에 바닷속 조개나 바다 물결에 반사되는 햇살을 보지 못해 아쉽기도 하다. 이럴 때는 나만의 '할 수 있음' 리스트를 정리하는 방법이 도움 된다. 내가 할 수 있는 것이 무엇인지 알고 이 세상과 마주한다는 것은 이 세상을 풍부하고 진하게 사는 또 다른 방법이 될 수 있다.

은유, 새로운 관점을 얻는 법

'은유'는 문학에만 있지 않다. 우리의 삶 속에 녹아 있다. 팀장님이 늘 말하는 '신선한 관점'은 은유에서 비롯된다.《삶으로서의 은유》를 쓴 조지 레이코프는 은유에 대해서 이렇게 말한다.

은유의 본질은 한 종류의 사물을 다른 종류의 사물의 관점에서 이해하고 경험하는 것이다.

당신이 만약 이 문장을 이해한다면 신선한 관점을 얻을 수 있다. 은유가 얼마나 우리의 삶 속에 녹아 있는지는 다음 사례를 보면 알 수 있다.

원관념과 보조관념 사이의 유사성

우리는 흔히 '시간은 돈'이라는 은유를 한다. 여기서 시간은 '원관념'이고 돈은 원관념을 풍부하게 드러내는 '보조관념'이다. 이 은유는 자본주의 사회의 핵심을 잘 표현한다. 우리의 급여는 시급이나 월급같이 시간단위로 계산한다. 호텔에 투숙해도 몇 박 며칠 있었는지에 따라서 금액이 달라진다. 복리이자도 얼마나 오랜 시간 저축을 하냐에 따라 금액이 기하급수적으로 는다. 이렇게 보면 정말 시간은 돈이다.

그런데 재미있는 사실은 이렇게 '시간은 돈'이라는 표현이 통용되면서 돈에 붙는 표현들이 시간에도 붙게 됐다. '시간을 낭비하다', '시간을 절약하다', '시간을 투자하다', '시간을 소비하다' 등과 같은 표현이 그 예다. 그 결과 우리는 시간을 돈이라는 색다른 관점으로 바라보게 됐고, 시간의 의미가 돈의 관점과 결합했다.

은유는 앞에서 설명했다시피 원관념과 보조관념 사이의 '유사성'을 바탕으로 결합한다. 시간과 돈 사이의 유사성은 무엇일까? 바로 '가치'다. 시간과 돈 모두 삶에서 중요한 가치를 지니기 때문에 '시간은 돈이다'는 가치라는 유사성으로 결합한 은유다. 하지만 은유가 유사성만을 기반으로 했을 때는 그 의미가 변환되고 확장될 수 없다. '이질적인 낯선 요소'가 있어야만 은유의 창의성이 더 높아진다.

이러한 낯선 요소는 차이성 속의 유사성, 즉 '비유사성'이다. 《현대 시작법》을 쓴 오규원은 '비유가 성립하는 근거를 마련해주는 것은 원관념과 보조관념이 지니고 있는 차이성의 유사성'이라고 했다.

창의적인 은유의 조건

'창의적인 은유'는 유사성보다는 비유사성의 비율이 조금 더 높다. 유사성의 비율이 80% 이상이면 참신한 은유라고 할 수 없다. 반대로 비유사성의 비율이 너무 높으면 은유의 의미를 파악하기 힘들어 난해하다. 유사성과 비유사성의 비율이 적절하게 3:7의 비율이라면 꽤 참신한 은유라고 생각할 수 있다.

[아이는 천사다]라는 표현은 참신한가? 참신하지 않다. 아이는 천사처럼 순수하고 깨끗하다는 표현은 너무 익숙하고 상식적이어서 유사성의 비율이 높다. 상식적인 수준에서 출발하는 은유는 아이라는 대상을 다른 의미로 못 보게 한다.

[잡담은 살코기다]라는 표현은 참신한가? 참신한 듯하지만 무슨 말인지 선뜻 이해가 어렵다. 잡담과 살코기 사이에 유사성의 연결고리가 매우 약하기 때문이다.

그럼 [야간 편의점은 도시의 등대다]라는 표현은 어떤가? 참신하면서도 이 문장이 어떤 느낌을 전달하고자 하는지 잘 전달된다. 어두워진 밤거리에 홀로 불 켜진 야간 편의점은 밤의 도시인들이 찾아와 마음을 추스르는 안식처 역할을 한다. 등대도 밤 늦게 조업하는 선원들의 길라잡이이자 어둠 속 외로움을 달래는 불빛 역할을 한다. 이 문장은 너무 익숙한 유사성을 기반으로 하지도 않는 동시에 개념들을 몇 다리만 건너면 연결할 수 있으므로 참신함이 높은 표현이다. 야간 편의점을 색다른 시각으로 바

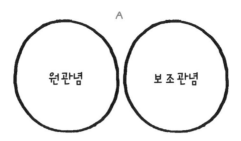

원관념과 보조관념 사이에 거리가 멀면 둘 사이 유추가 힘들다

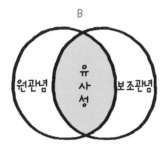

유사성의 비율이 너무 높으면 참신한 은유가 아니다

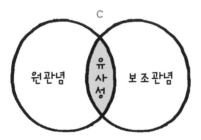

유사성 속에 비유사성이 적절한 비율로 있어야 참신한 은유다

라보게 했다.

[야간 편의점은 휴식처]라는 은유를 했다면 유사성의 비율이 높아 좋은 평가를 받지 못했을 것이다. 상식적인 수준의 의미만을 전달하기 때문에 이런 표현을 할 바에는 그냥 '야간 편의점은 쉬어가는 곳이다'라고 표현하는 편이 낫다.

[야간 편의점은 도시의 등대]라는 표현은 비유사성을 기반으로 한다. 야간 편의점과 도시의 등대 사이에서 직접적인 유사성은 찾기 힘들지만 비유사성을 통해 색다른 관점과 의미를 전달한다. 이렇게 비유사성이 파고들면 새로운 의미의 세계로 확장할 수 있는 문이 생긴다.

[시간은 파발마다]라는 은유가 있다. 파발마는 소식을 빨리 전달하기 위해 관료들이 타던 말이다. [시간은 파발마다]에서 시간은 '파발마처럼 빠르다'를 뜻한다. 즉, 이 은유는 시간과 파발마 사이에 '빠르다'라는 유사성으로 결합한 표현이다.

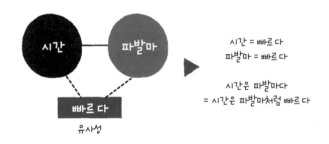

그런데 시간이 지나면서 이 은유가 다른 의미로도 확장됐다.

파발마의 속성 중 '빠름'이 아닌 '소문을 퍼뜨린다'가 시간과 결합하면서 '시간은 소문을 퍼뜨린다'의 의미로도 변주된 것이다. '소문을 퍼뜨린다'는 시간에는 없는 속성이다. 즉, '비유사성'에 기반한다. 이 비유사성이 시간을 색다른 관점으로 보게 했다.

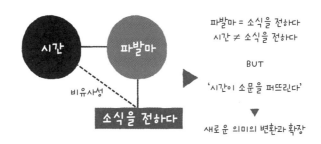

에이스침대의 [침대는 가구가 아닙니다. 과학입니다]라는 카피는 시간이 지나도 늘 회자된다. 이 카피가 이렇게 주목받는 이유는 무엇일까?

첫 번째는 침대에 대한 인식을 바꿨다. 침대는 과학이라는 말은 침대의 기술력을 말한다. 늘 안방에 자리한 침대가 지닌 막연함과 추상성이 아니었다. 마치 반도체처럼 침대를 만들 때도 정교한 공법과 차별화된 기술력이 있음을 주목하게 했다.

두 번째는 과학이라는 보조관념을 색다르게 해석했다. 우리는 보통 과학을 일상생활과 매우 동떨어진 것으로 생각한다. 흰 가운을 입은 연구원들의 연구가 우리 생활에 어떤 도움을 주는지 잘 가늠하지도 못하고 별로 알고 싶어하지도 않는다. 그런데 이 카피가 그들이 연구하는 과학이 나와 동떨어진 이야기가 아니라 내 하루의 3분의 1을 책임진다고 생각하게 했다. 즉, '과학=편안함'이라는 속성으로 해석했다. 그 결과 침대와 과학 사이에 '편안함'이라는 연결고리가 생기면서 침대라는 가구를 매우 신선한 시각으로 바라보게 했다.

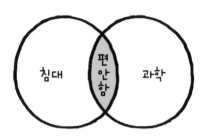

감이 좀 잡히는가? 의미는 늘 고정되어 있지 않다. 보조관념이 지닌 수많은 스펙트럼 속에서 원관념과 연결할 수 있는 다른 속성을 발견하는 눈이 있다면 색다른 해석이 가능해진다.

카피라이터에게 필요한 덕목 중 하나가 바로 이렇게 새로운 의미를 파생시키고 확장하는 것이다. 브랜드는 항상 고객에게 신선하고 새로운 의미가 되길 원한다. 그렇지 못하면 브랜드는 도태되고 결국 고객에게 외면받기 쉽다. 브랜드라는 원관념에 새로운 보조관념을 결합해 고정된 브랜드의 의미를 확장하고 변주해야 한다. 그건 순전히 카피라이터의 역량에 달려 있다.

맥락의 설계

오디션 프로그램에서는 늘 악마의 편집이 논란이다. 이럴 때마다 편집 없는 노컷 원본을 보여달라는 요구가 따른다. 원본은 주관적인 편집이 없기 때문에 상황을 객관적인 시선으로 볼 수 있다. 똑같은 상황이어도 편집을 어떻게 하느냐에 따라서 시청자는 전혀 다른 의미로 상황을 이해한다.

1920년대 러시아의 영화감독이자 이론가인 레프 쿨레쇼프는 맥락에 따라 의미를 다르게 해석할 수 있음을 보여줬다. 그는 몽타주 효과를 연구하고자 하나의 실험을 했다. 사람들에게 다음쪽 그림과 같은 총 3가지 장면을 보여주고, 각각의 장면을 통해 사진 속 남자가 느낀 감정이 무엇인지 추측하도록 한 것이다.

첫 번째는 먹음직스러운 수프 장면 다음에 무표정한 남자의 얼굴, 두 번째는 관 속에 있는 죽은 아이 장면 다음에 무표정한 남자의 얼굴, 세 번째는 소파에 누워 있는 관능적인 여자 장면 다음에 무표정한 남자의 얼굴을 보여준다.

실험 대상자들은 첫 번째 장면에서는 남자가 허기짐을, 두 번째 장면에서는 슬픔을, 세 번째 장면에서 설렘이라는 감정을 느

▶ 허기짐

▶ 슬픔

▶ 설렘

껐을 것이라고 생각했다. 3가지 장면에 대한 사진 속 남자의 표
정이 모두 동일했는데도 각 장면에 따라 남자가 느끼는 감정이
다르다고 생각한 것이다.

맥락의 설계로 의미를 전달하는 방법

사람들에게 의미를 전달할 때 취하는 방법은 크게 2가지다.
첫 번째는 'A=B'라고 가리키는 방법이다. 두 번째는 'A+B=C'라
고 사람들에게 의미를 연상시키는 방법이다. 후자의 방법으로
의미를 전달하기 위해서는 '맥락의 설계'가 중요하다. 배고픔, 슬
픔, 설렘이라고 직접 말하지 않으면서 사람들에게 그 의미가 잘
전달돼야 한다.

배우 황정민은 영화 〈신세계〉에서 주인공 정청의 안하무인 캐
릭터를 관객에게 전달하기 위해 몇 가지 설정을 했다. 예를 들면

원래 정청이 공항에서 이자성과 만나는 장면에서 말끔한 구두를 신기로 했는데, 이 장면을 기내 슬리퍼를 신고 나타나는 설정으로 바꿨다고 한다. 정청이 기내 슬리퍼를 신고 공항까지 올 정도로, 그 누구도 건드리지 못하는 안하무인 성격임을 보여주기 위해서다.

이렇게 의미의 맥락설계를 잘한다면 장면의 밀도는 더욱 높아진다. 원래 설정된 장면에는 정청의 안하무인 성격을 나타내려는 의도가 없었는데, 설정이 추가됨으로써 또 다른 맥락이 서브에 깔리면서 1타 2피의 의미 전달이 가능해진 것이다.

이것이 가능한 이유는 영화 속 장면에서는 맥락만 보여주고 직접적인 설명을 위한 불필요한 공간은 스크린 밖 관객의 몫으로 남겨졌기 때문이다. 이처럼 불필요한 공간을 줄임으로써 한 장면만으로 전달하려는 의미를 효율적으로 전달할 수 있었다.

카피도 마찬가지다. 'A=B'라고 확실히 말해야 하는 카피도 필요하지만, 때로는 카피를 보고 고객 스스로 의미를 연상할 수 있도록 유도하는 방식이 더 효과적일 때가 있다. 고객에게 C를 말하고 싶다면 고객 스스로 C라는 의미를 연상할 수 있도록 A와 B를 설계하는 구상이 필요하다.

침대 브랜드 앤썰의 [아이들은 뛰어야 합니다]라는 카피는 직접적으로 침대의 강한 내구성과 탄력성을 말하지 않으면서 맥락설계를 통해 자사 침대의 장점을 잘 표현했다.

쓰리엠의 포스트잇 카피인 [Think Loud]는 우리가 실제로 사무실이나 학교에서 포스트잇을 사용할 때의 상황을 고려했다. 우리는 포스트잇으로 시끌벅적한 생각을 정리하고 기록한다. 쓰리엠의 카피는 포스트잇은 무엇이라고 굳이 말하지 않아도 포스트잇이 우리에게 어떤 의미인지 와 닿게 표현했다.

맥락을 설계하는 카피의 요건

맥락을 설계하는 카피는 설명하려고 하기보다 '보여줘야' 한다. 설명이 '지시'라면 보여주기는 보는 사람에게 '연상'하게 한다. 고객이 스스로 연상하면 일방적으로 브랜드의 메시지를 접하지 않고 브랜드와 동화된다. 그래서 더욱더 효과적이다.

카피라이터가 브랜드에 매몰되면 브랜드를 직접적으로 설명하고 싶은 충동을 느낀다. 이럴 때 브랜드가 지닌 문제와 상황에서 조금 더 거리를 두면 시야가 달라진다. 맥락의 설계는 '대상과의 거리'에서 만들어진다.

외국 여행이 흥미로운 이유는 현지인들에게는 일상이지만 여행자에게는 극도의 비일상인 세계가 충돌하면서 낯선 거리감이 생기기 때문이다. 나이아가라폭포나 만리장성을 볼 수 있어서 흥미로운 게 아니다. 현지인들이 사는 골목 어귀를 걸어도, 조그마한 포장마차에서 쌀국수를 먹어도 발 닿는 모든 곳이 낯선 비일상의 공기로 채워지기 때문에 흥미롭다.

이러한 거리감은 같은 풍광을 보는 현지인과 여행자의 시선을 다르게 한다. 현지에 동화되지 않고 멀리 떨어진 거리에서 봤을 때 그들의 일상을 색다르게 바라볼 수 있다.

브랜드에게 맥락은 곧 '고객과의 관계'를 말한다. 관계는 거리를 수반하고, 거리는 맥락을 만든다. 브랜드가 전달하고자 하는 속성에 따라 고객과의 맥락을 설계할 수 있다. 앞서 예로 든 앤씰의 [아이들은 뛰어야 합니다]가 설계한 속성은 '내구성'이다. 즉, '거칠게 다뤄도 튼튼하니까 안심해도 된다'라는 메시지를 전달하고 싶었다. 이러한 속성을 맥락화하기 위한 키워드가 바로 '아이들'이다. 우리는 침대 위에서 아이들이 천방지축 뛰는 모습을 쉽게 상상할 수 있다. 이 카피는 아이를 빌어 내구성을 보여주기 위한 맥락을 설계했다.

지금까지 카피라이터의 생각법을 소개했다. 고대 철학자 엠페도클레스는 이 세상의 만물은 흙, 공기, 물, 불 4가지 원소의 혼합으로 만들어졌다고 했다. 멋진 카피라이터가 되기 위한 요소는 '본질, 소통, 창의' 3가지만 있으면 된다. 이 3가지 요소의 적절한 배합과 균형으로 고객의 마음을 사로잡는 카피를 쓸 수 있다.

카피를 쓰기 전에 이 3가지 요소를 꼭 머리에 장착하고 있어야 빠르게 크리에이티브를 뽑을 수 있다. 생각을 게을리하지 않고 생각의 코어를 단련하자. 단단한 생각의 코어로 남들이 보지 못하는 시선을 갖게 됨으로써 창의성이 발휘될 수 있다. 다음 내용부터는 본격적으로 카피를 써 보는 시간을 가져 보자.

PART 2

카피를 쓸 때

●

카피라이터의 생각법으로 머리를 풀었다면 이제 카피를 써야 한다. 카피를 처음 쓰는 초심자나 카피를 어떻게 써야 할지 막막한 사람이라면 앞으로 설명하는 내용을 찬찬히 살펴보고 그대로 따라 해보길 권한다. 창조의 시작은 모방이라고 한다. 카피를 뽑을 때 생각해야 하는 순서를 차근차근 따라 밟다 보면 어느새 내가 원하는 카피가 쓰여 있을지 모른다.

카피를 쓸 때 방해받는 요소들이 많다. 슬로건은 뭐고 헤드라인은 뭐고 바디카피는 뭐고와 같이 여러 가지 카피의 종류에 기가 눌려서 그것들을 다 알아야지 카피를 쓸 수 있다고 생각한다.
물론 알면 좋다. 그리 어려운 내용이 아니니 궁금하다면 굳이 책이 아니더라도 검색을 해 보면 알 수 있다. 이 책에서는 이것들을 설명하는 사족은 넣지 않았다.
그뿐만 아니다. 매체별로 카피를 쓰는 방법이 다르다는 말도 있다. 이 말을 들으면 카피를 쓰기 전에 이 세상의 수많은 매체부터 알아야겠다는 생각이 든다. 이러면 카피를 쓰기 전에 미리 질려버린다.

카피의 종류와 매체는 일단 서랍 속에 집어넣고 잊어버리자. 헤드라인은 이렇게 써야 하고 인스타그램에서 카피는 이렇게 써야 한다고 정해진 답은 없다. 당신은 단 2가지만 생각하면 된다. '목적'과 '타깃'이다. 이 2가지만 생각한다면 당신은 관습에 얽매이지 않고 자유롭게 카피를 쓸 수 있다.

1
목적과 타깃

카피 쓰기의 시작과 끝

난 수학문제 풀 듯이 소설을 쓴다.
– 요시모토 바나나

새로운 프로젝트에 들어가면 팀장님은 10번 중 9번은 이 질문을 먼저 던진다.

"그래서 목적이랑 타깃이 뭐야?"

목적과 타깃 설정은 모든 프로젝트에 들어가기 전에 먼저 생각해야 할 요소이기 때문이다. 그렇지 않으면 모든 진행상황을 뒤엎고 다시 처음부터 시작해야 하는 상황이 생길지 모른다.

목적과 타깃은 일종의 나침반 같은 역할을 한다. 일을 진행하다가 뭔가 일이 삐딱선을 타는 것 같다면 다시 앞으로 가서 목적과 타깃 페이지를 숙지하면서 내가 잘 가고 있는지 확인할 수 있다. 그만큼 목적과 타깃 설정은 중요하며, 꽤 많은 시간과 공을 들여야 한다.

왜 써야 하는가?

'왜 카피를 쓰는가?'

이 질문은 카피를 쓰기 전에 끊임없이 스스로에게 던져야 한다. 많은 사람이 이 질문을 던지기 전에 어떻게 카피를 쓸지부터 고민한다. 내가 왜 카피를 쓰고, 이 카피를 통해서 얻고자 하는 효과와 목적이 무엇인지 명확해야 한다. 하물며 가게 입간판을 쓸 때도 사장님은 카피의 목적을 생각해서 쓴다. 이걸 왜 써야 하고 기대효과는 무엇인지 생각하지 않는다면 카피는 산으로 간다. 다음은 어느 카페의 입간판이다.

[따뜻한 아메리카노 부드러운 카페라떼 몽글몽글 카푸치노
달콤와플&커피메뉴를 함께 즐겨 보셔요]

이 입간판에는 판매하는 제품정보가 담겨 있다. 카페에서 어떤 제품을 판매하고 어떤 서비스가 있는지 고객에게 전달하고 있다. 정보가 확실하기 때문에 길거리를 지나가다 커피와 와플을 함께 먹고 싶은 고객이라면 이 입간판을 보고 그냥 지나칠 수

없을 것이다. 제품정보를 전달한다는 목적이 강한 입간판이다.

다음은 어느 대학가에 있는 카페 입간판이다.

[시험 끝나모 안올 거 안다. 밤샐 필요 없으모 안 올 거 안다. 방학하모
안 올 거 안다. 캐도 카페 문은 열어야지. 그래야 바람이라도 오지]

입간판답게 경상도 사투리 입말을 살려서 학생들에게 친근하
고 따뜻하게 메시지를 전달한다. 시험기간에는 카페에서 밤새워
공부한다고 자주 찾았지만, 시험이 끝나면 자연스럽게 카페를
찾는 발길이 줄어든다. 방학하면 학교에 가지 않으니 학생들이
찾지 않을 것이다. 카페 사장님은 서운해하지 않고 바람이라도
오라고 늘 카페 문을 열어둔다고 한다. 말은 이렇게 하지만 학생
들에 대한 그리움이 묻어나는 글이기도 하다. 카페만의 정체성
이 잘 묻어나 있다.

이 2개의 입간판을 보면 그 목적이 확연히 다르다. 첫 번째 입
간판은 제품정보 전달이 목적이었다면, 두 번째 입간판은 일종
의 브랜드 정체성을 전달하는 목적으로 썼다. 두 번째 입간판을
보는 순간 이 카페가 지향하는 바가 전해진다. 단순히 커피 판매
에 그치지 않고 학생 타깃으로 더욱 끈끈한 유대감을 형성하고,
일종의 커뮤니티 공간이 되고자 하는 카페 정체성이 잘 드러나
있다.

카피를 쓰는 11가지 목적

카피를 쓰는 목적은 아래와 같이 크게 11가지로 나눌 수 있다. 대부분의 카피는 이 11가지 목적 안에서 만들어진다.[7]

① 상품 지명도 상승
② 브랜드 이미지 상승
③ 상품 혹은 기업활동 고지
④ 상품지식 보급
⑤ 트렌드 창조
⑥ 매출 증대
⑦ 여론 형성
⑧ 라이프 스타일 제시
⑨ 저항감 제거
⑩ 상품개념 전환
⑪ 기업이미지 변화

배스킨라빈스의 [골라 먹는 재미가 있다]라는 카피는 31가지 아이스크림을 고객이 마음대로 골라 먹을 수 있다는 '상품정보'를 전달한다. 이 카피를 본 사람들은 배스킨라빈스에 가면 내가 먹고 싶은 아이스크림을 선택해서 먹을 수 있다고 생각하게 된다.

삼성전자 무풍 에어컨의 [바람 없는 시원함]이라는 카피는 바

---

7 우에조 노리오, 《카피 교실》, 64쪽

람 없는 에어컨도 시원할 수 있다고 말한다. 이 카피는 바람 있는 에어컨에 정면으로 대치하면서 '상품개념을 전환'하는 목적으로 쓰였다.

도루코 페이스의 [면도가 피부를 바꾼다]라는 카피는 면도날의 절삭력에 집중한 기존의 메시지에서 벗어났다. 피부 케어라는 관점으로 '상품개념을 전환'하는 동시에, 거친 면도날에 대한 '저항감을 제거'하는 카피다. 단순히 '수염이 잘 깎인다'가 아니라 '피부까지 안전하게 보호한다'는 메시지를 전달하기에 충분하다.

《어떻게 원하는 것을 얻는가》의 저자인 스튜어트 다이아몬드는 원하는 것을 얻는 전략 12가지 중 첫 번째 전략이 '목적에 집중하는 것'이라고 했다. 이 말처럼 목적이 명확하지 않으면 흔들리기 쉽고, 흔들린 사고로 쓴 카피는 그 무엇도 잡을 수 없는 맥빠지는 카피가 되기 쉽다.

본질적인 문제가 무엇인지 진단하고, 그 문제를 해결하기 위한 단 하나의 목적으로 카피를 써야만 힘 있고 효과적인 카피가될 수 있다.

누구에게 써야 하는가?

카피의 목적을 정했다면 이 목적에 유효한 타깃이 누구인지를 설정해야 한다. 목적만 정하고 타깃을 정하지 않는다면 과녁을 앞에 두고 총을 난사하는 꼴이다.

사랑을 전달하기 위한 편지를 써도 마찬가지다. 부모님에게 쓰는 편지인지 연인에게 쓰는 러브레터인지에 따라 글 온도와 내용이 달라져야 한다. 어버이날 편지는 담백하고 러브레터는 조금 더 달달하다.

물론 이것도 편견일 수 있다. 막연하게 어버이날 편지는 담백하게 써야 하고 러브레터는 달달하게 써야 한다고 할 수 없다. 부모님이 달달한 정서를 좋아한다면 달달하게 써야 하고, 연인이 닭살 돋는 달달함을 경멸한다면 담백하게 쓰는 게 맞다. 단순히 타깃을 정하는 데 그치지 않고 정밀한 타깃분석이 필요한 이유가 바로 이 때문이다.

브랜드의 타깃 페르소나 만들기

이 세상의 수많은 사람은 거의 무한대에 가까울 정도로 다양한 성향이 있다. 그래서 타깃은 단순히 인구통계학적으로 드러난 사람들의 성향에서 추출해서는 안 된다. 브랜드가 직접 자신에게 필요한 타깃을 만들어야 한다. 다시 말해 타깃은 우리에게 주어진 게 아니라 우리가 창조해야 한다. 이 세상 사람들의 스펙트럼은 수없이 다양하게 쪼개질 수 있기 때문이다. 이를 위해서 '타깃 페르소나' 작업이 필수다.

'페르소나'는 연극에서 가면을 뜻하기도 하지만 심리학에서는 '성격'을 뜻하기도 한다. 흔히 봉준호 감독의 페르소나는 송강호, 김지운 감독의 페르소나는 이병헌이라고 한다. 감독의 세계관을 가장 잘 표현해 주는 대표적인 페르소나 사례다.

광고 마케팅에서도 크게 다르지 않다. 브랜드와의 접점이 높고 브랜드의 세계관과 가장 잘 맞는 '고객 페르소나'가 있다. 브랜드는 자신의 제품이나 서비스를 가장 잘 사용할 만한 사용자 유형군을 만들어 일종의 가상인물을 만든다. 그것이 광고 마케팅에서의 페르소나다.

페르소나는 성별, 나이, 지역과 같은 단순 인구통계학적 설정에서 더 나아가 타깃에 대한 보다 구체적인 라이프 스토리를 녹여야 한다. 마치 영화감독이 작품에 어울리는 캐릭터를 설정하고 창조하듯이 브랜드도 자신의 브랜드와 잘 어울리는 타깃 페르소나를 만들어야 한다.

그래서 타깃 페르소나는 기존의 수많은 사람들의 성향에서 단순 추출하는 게 아니라, 브랜드와 가장 잘 부합할 수 있는 타깃 캐릭터를 생성해야 한다. 이 작업을 위해서는 방대한 소비자 데이터를 분석해야 한다. 그럼 지금부터 '즉석밥'의 타깃 페르소나를 설정해 보자.

즉석밥의 주요 구매층은 2030세대다. 여기서 조금 더 타깃을 세분화하면 2030세대 중에서도 1인 가구와 맞벌이 신혼부부의 구매비중이 높다. 그렇다면 그들의 라이프 스타일을 조금 더 세밀하게 스토리화할 필요가 있다.

20대 자취생들은 학교생활과 잦은 대외활동으로 생활패턴이 불규칙하기 때문에 굳이 밥솥에 밥을 하지 않는다. 어차피 규칙적으로 챙겨 먹지 않으니 금방 상하기 때문이다. 배달음식을 시켜 먹거나 밖에서 해결하기 때문에 그들에게는 필요할 때마다 싸고 간편하게 한 끼를 채울 수 있는 즉석밥이 필요할 가능성이 높다.

이제 갓 결혼한 맞벌이 부부의 경우 자취생들과는 달리 생활패턴이 규칙적이다. 아침에 일어나 출근해서 퇴근할 때까지 정해진 생활패턴이 있다. 그들은 꽉 짜인 생활패턴으로 바쁜 생활을 보낸다. 아침은 토스트로 간단히 때우고 점심은 회사에서 먹는다. 저녁에는 밥을 해 먹지만 야근이 있는 날엔 저녁까지 회사에서 해결할 수밖에 없다. 굳이 밥솥에 밥을 한다는 게 무의미하다. 서로가 바쁜 맞벌이 부부에게 밥을 해 먹는다는 건 또 다른 일처럼 느껴진다. 필요할 때마다 간편하게 즉석밥을 먹고 반찬은 따로 주문해서 먹을 가능성이 높다. 이러한 분석을 토대로 타깃 페르소나를 다음과 같이 만들 수 있다.

[1인 가구 자취생]
- 이름 : 한현호 / • 성별 : 남자 / • 나이 : 22세 / • 직업 : 대학생
- 전공 : 건축학과 / • 가구 : 1인 가구
- 생활패턴 : 잦은 과제로 학과에서 밤새우는 일이 잦고, 캠핑 동아리 활동으로 주말에는 외부에 자주 있다. 집은 거의 씻고 잠만 자다 나가는 공간이고, 가끔 집에 있을 때는 배달음식을 시켜 먹거나 나가서 먹고 온다.

[맞벌이 신혼부부 : 남편]
- 이름 : 임강헌 / • 성별 : 남자 / • 나이 : 32세
- 직업 : IT 엔지니어 / • 가구 : 2인 가구
- 생활패턴 : 출퇴근에 2시간이 소요돼서 아침은 토스트로 간단히 해결한다. 직업 특성상 야근이 잦다. 워커홀릭 기질이 있어 집에까지 일감을 들고 와서 일하는 경향이다.

[맞벌이 신혼부부 : 아내]
- 이름 : 함주희 / • 성별 : 여자 / • 나이 : 30세
- 직업 : 편집 디자이너 / • 가구 : 2인 가구
- 생활패턴 : 프리랜서로 재택근무를 한다. 남편과 생활 밸런스가 불일치하여 함께 밥 먹는 시간은 주말이 전부다. 거의 혼밥을 하고 점심은 나가서 먹거나 배달음식을 시킨다.

디테일한 타깃 설정이 필요한 이유

이렇게 타깃 페르소나 설정을 해 봤다. 어떤가? 단순히 나이, 성별, 사는 지역 등의 인구통계학적 타깃 설정과는 달리 구체적이다. 카피를 쓰기 위해 왜 이렇게까지 타깃을 설정해야 할까?

첫 번째 이유는 고객들이 제품을 구매할 때의 상황과 라이프 스타일에 따라 고려할 수 있는 요소들을 예상하기 위해서다. 그래야 카피를 쓸 때도 제품 서비스와 고객들의 라이프 스타일 사이의 접점을 키워서 구매욕구를 자극할 수 있다.

두 번째 이유는 타깃에 맞는 정서를 설정하기 위해서다. 세대와 라이프 스타일에 따라 정서가 다르다. 1020세대와 3040세대의 라이프 스타일이 다르다면 각 세대의 삶을 둘러싼 정서도 달라지기 마련이다. 당신이 10대에 쓰던 말과 20대 혹은 30대에 쓰던 말과 관심사가 달라졌음을 떠올려 보라.

그렇다면 고객들에 대한 카피에도 세대별 라이프 스타일과 정서에 맞는 언어를 취사선택해야 한다. 1020세대를 타깃으로 한 카피에는 톡톡 튀고 트렌디한 도발적인 문구를 쓴다면, 4050 시니어세대를 타깃으로 한 카피에는 키워드를 반복 사용하고 싹싹하고 차분한 어조를 쓰는 게 좋다.

이처럼 카피를 쓸 때 디테일한 정서를 놓치지 않으려면 타깃 페르소나를 설정해서 각 설정 타깃들이 더욱더 잘 이해하고 받아들일 수 있는 언어를 사용해야 한다.

어떤 데이터를 수집할까?

카피의 정확한 목적과 타깃 설정을 하려면 많은 정보의 수집과 정리·분석과정이 있어야 한다. 정보 없이 그저 감으로 설정한 목적과 타깃은 프로젝트를 망하게 하는 지름길이자 땅바닥에 돈을 버리는 행위다. 단 한 발의 화살을 과녁에 명중시키려면 날씨와 풍향을 계산하고 쏴야 한다. 마찬가지로 단 한 줄의 효과적인 카피는 수십장의 근거 데이터를 바탕으로 해야만 쓸 수 있다. 지금부터 그러한 카피를 쓰기 위해서는 어떤 근거 데이터를 모으고 분석해야 하는지 알아보겠다.

카피 쓰기에 필요한 4가지 정보

첫 번째는 '시장정보'다. 브랜드가 어떤 시장상황 속에 있는지 확인해야 나아갈 방향을 정할 수 있다. 지금 배가 태평양에 있는지 인도양에 있는지에 따라 목적지로 가는 방법이 달라질 수 있다. 브랜드 역시 업계의 규모가 어느 정도인지 알아야 목표 기준점을 설정할 수 있다. 업계의 주요 고객은 누구이고, 어느 정도

규모로 소비되는지도 파악해야 한다. 경쟁업체 수와 경쟁사 동향과 시장점유율 파악도 중요하다. 또 지역이나 계절별로 시장 경향이 어떻게 달라지는지 파악해야 지역별·시기별로 광고 마케팅 계획을 짤 수 있다.

두 번째는 '상품정보'다. 시장을 파악했다면 그 시장 속에서 판매해야 할 상품과 서비스에 대한 정보를 정리해야 한다. 먼저 상품의 중요한 특징은 무엇이고, 그것이 소비자들에게 어떻게 이용되는지 파악해야 한다. 경쟁사 대비 상품인지도는 어느 정도이며 이미지는 어떤지 파악할 수 있다면 구체적인 목표점을 정할 수 있다.

경쟁사와 비교했을 때 상품의 장단점이 무엇인지도 알면 효과적이다. 상품을 개발하기 위해 어떤 기술이 개발됐고 기술특징이 무엇인지 알 수 있다면 상품의 셀링 포인트를 잘 전달할 수 있다. 그리고 시장 내에서 판매해야 할 제품의 제품수명주기가 도입기, 성장기, 성숙기, 쇠퇴기 중 어디에 위치해 있는지 알아야 앞으로의 전략을 짤 수 있다.

세 번째는 '소비자정보'다. 시장이라는 바다와 상품이라는 배를 파악했다면 이제 소비자라는 도착지를 알아야 한다. 결국 우리의 상품은 소비자의 입맛에 맞게 잘 도달해야 한다. 그러기 위해서는 소비자가 상품을 사는 이유와 동기가 무엇인지 알아야 한다. 주력 소비자의 라이프 스타일은 무엇이며 상품이 어떤 라이프 스타일 속에서 소비되는지 파악해야 한다.

소비자가 얼마나 상품지식을 알고 있는지도 파악해야 한다. 상품에 대한 소비자지식 수준에 따라서 메시지전략을 효율적으로 짤 수 있다. 소비자가 이미 알고 있는 지식을 굳이 다시 메시지화하거나, 몰라도 되는 정보를 알려 줄 필요는 없기 때문이다.

또 소비자가 주로 상품을 접하는 매체가 무엇인지 안다면 해당 매체를 통해 그들의 관심사를 파악하여 조금 더 적합한 카피를 쓸 수 있다. 경쟁사 상품을 소비하는 소비자 특성을 통해서 자사 제품과 경쟁사 제품의 차이가 무엇인지 파악한다면 조금 더 차별화된 메시지전략을 구사할 수 있다.

네 번째는 '광고정보'다. 이제 상품의 도착지인 소비자에게까지 도달하기 위한 동력을 알아야 한다. 바로 상품을 고객에게 알리는 광고정보다. 즉, 판매하는 상품에 대한 과거의 광고 데이터를 수집·분석해야 한다. 기존의 광고 컨셉과 메시지전략은 어떠했으며, 거기에 따른 소비자반응과 매출 그래프는 어떠했는지를 살펴보고, 이를 토대로 새로운 광고전략을 제안할 때 어떻게 보완할지를 생각해야 한다.

그리고 어떤 매체로 어떤 메시지를 전달했을 때 더 효과적이었는지를 분석해야 한다. 이를 통해 매체와 콘텐츠 사이의 일치점을 파악해 최적의 광고와 매체전략을 구상해야 한다.

수집한 정보 정리하기

위 4가지 항목으로 데이터를 수집했다면 아래와 같은 '6M'이라는 점검목록으로 정보 수집활동을 간략하게 정리할 수 있다.

이 6가지 점검목록을 기준으로 삼으면 당신은 그 어떤 태풍과 파도를 만나도 흔들리지 않고 꼿꼿하게 소비자에게로 나아갈 수 있다.

상품 (Merchandise)	상품의 주요 셀링 포인트는 무엇인가?
시장 (Markets)	상품의 소구대상은 누구로 설정하는가?
동기 (Motives)	소비자의 상품 구매심리는 무엇인가?
메시지 (Messages)	브랜드가 고객에게 전달하고자 하는 생각과 컨셉, 이미지는 무엇인가?
매체 (Media)	메시지를 전달하는 수단은 무엇인가?
측정 (Measurement)	소비자에게 전달한 메시지의 효과를 어떻게 측정할 것인가?

지금까지 설명한 챕터 1의 내용을 간략히 정리해 보자.

카피 쓰기를 시작할 때는 목적과 타깃을 정해야 한다. 먼저 왜 써야 하는지 카피의 목적을 정하고, 거기에 맞춰 누구에게 메시지를 보여줄지를 정해야 한다.

이를 위해서는 정보 수집이 필수적이다. 시장정보, 상품정보,

소비자정보, 광고정보가 그러한 필수 정보들이다. 이렇게 수집한 정보를 분석하여 소비자에게 전달할 메시지의 토대를 마련해야 한다.

앞에서 설명한 4가지 관점에서 수집·분석한 정보가 토양이라면 이제 구체적인 컨셉과 메시지전략이라는 꽃을 피우기 위해 그 토양에서 잘 자랄 수 있는 씨앗을 찾아 심어야 한다. 바로 다음 내용에서 설명할 '키워드 추출작업'이다.

2
키워드 추출하기

카피 쓰기의 첫 관문

좋은 광고는 좋은 공학적 산물이다.
최대한 평평한 곳에 노면을 깔 생각을 해라.
가장 저항이 덜한 문장부터 시작해라.
－ 핼 스테빈스

꽁꽁 잠긴 문을 열려면 열쇠가 필요하다. 모든 브랜드는 고객이라는 문을 열고 그들의 마음을 사로잡고 싶어한다. 하지만 문을 열려면 열쇠구멍과 열쇠의 이빨이 딱 들어맞아야 한다. 브랜드는 고객이 지닌 열쇠구멍이 어떤 모양인지 알아야 한다. 그래야지 그 모양에 맞게 열쇠를 세공할 수 있다.

카피 쓰기에서 키워드 추출작업은 브랜드가 고객에게 전달하고자 하는 핵심적인 메시지의 키를 뽑아내는 일이다. 고객의 열쇠구멍에 딱 들어맞는 브랜드 메시지 키를 뽑아서 활짝 문이 열릴 수 있도록 해야 한다. 지금부터 키워드에 대한 오해가 무엇이고 키워드를 어떻게 뽑아야 하는지 알아보자.

키워드에 대한 오해

　모든 자료의 조사·분석작업이 끝났다면 이제 키워드를 뽑아야 한다. 키워드를 뽑아야 하는 이유는 무엇일까? 명확한 컨셉이 필요하기 때문이다. 자료분석으로 목적과 방향이 정해졌다면 이제 우리는 목적지에 도달하기 위한 수단이 필요하다.

　도착지만 정해 놓고 거기까지 가기 위한 수단이 없다면 우리는 고객에게 브랜드의 아이디어를 전달할 수 없다. '키워드'가 바로 그러한 수단이다. 키워드는 앞에서 진행한 방대한 자료조사를 토대로 얻은 인사이트를 통해서 브랜드와 고객을 모두 만족시킬 수 있는 열쇠역할을 한다.

키워드를 뽑는다는 것의 의미

　먼저 꽤 많은 사람이 생각하는 키워드에 대한 오해부터 풀어보자. 만약 다음과 같은 7가지 음식재료가 있다면 당신은 무엇을 '키워드'로 뽑겠는가?

[김치 / 두부 / 참치 / 대파 / 마늘 / 고춧가루 / 물]

이런 경우 많은 사람이 김치나 참치를 키워드로 뽑는다. 대부분 키워드는 '핵심적이고 중요한 것'이라고 오해하는데, 7가지 재료 중 김치나 참치가 가장 중요해 보이기 때문이다.

하지만 키워드를 뽑는다는 건 방대한 자료 속에서 가장 중요한 키워드를 선택하는 작업이 아니다. 키워드를 뽑는다는 건 선택이 아니라 '카테고리를 설정'하는 작업이다. 그렇다면 카테고리를 설정한다는 건 어떤 의미일까? 다시 7가지 재료를 살펴보자.

[김치 / 두부 / 참치 / 대파 / 마늘 / 고춧가루 / 물]

과연 이 7가지 재료로 어떤 '카테고리'를 설정할 수 있을까? 나는 '찌개'라는 카테고리를 설정하면 좋겠다고 생각한다. 찌개라는 카테고리 키워드를 설정했을 때 위의 재료들로 연상되는 요리의 그림이 보다 명확해지기 때문이다.

카테고리가 아니라 7가지 재료 중 가장 중요해 보이는 '김치'를 키워드로 선택했을 때는 그려지는 요리가 너무 다양해서 어떤 요리가 만들어질지 혼란스럽다. 반면에 찌개로 카테고리 키워드를 설정하면 컨셉이 명확해져서 구체적이고 확실한 그림이 연상된다.

위와 같이 키워드를 뽑는다는 건 조사·분석한 자료 중에서 가장 중요한 것을 선택하는 작업이 아니라, 도출된 자료를 하나의 궤로 이을 수 있는 '상위 개념'을 설정하는 작업이다. 키워드를 뽑는 작업은 도출된 자료 안에서만 진행해서는 안 되며 자료 밖으로 확장적으로 생각을 뻗어야 한다. 자료에만 매몰되면 효과적인 키워드를 추출할 수 없기 때문이다.

위의 예에서도 7가지 음식재료 중에 찌개라는 자료는 없었다. 7가지 자료를 바탕으로 하되, 이 자료들 밖에서 이것들을 '하나로 묶을 수 있는 키워드'를 찾아야 한다. 내가 '찌개'라는 카테고리를 설정했듯이 말이다.

100개의 자료를 1개의 키워드로 뽑아내는 원리

제2차 세계대전 때 미국은 자체적인 종합정보기구가 없어서 연합군에게 정보력을 의지했다. 당시 루스벨트 대통령은 친구인

윌리엄 J. 도너반을 전략정보국 창설 책임자로 임명했다. 도너반은 전략정보국을 만드는 과정에서 미처 생각지 못한 문제를 마주했다. 바로 매일 전 세계 전장에서 쏟아지는 가공되지 않은 데이터를 어떻게 명료하게 대통령에게 브리핑할까였다. 문서 데이터 양이 몇 달에 걸쳐 읽어도 시간이 모자를 만큼 어마어마했기 때문이다.

결국 도너반은 인포그래픽의 유래라고 할 수 있는 '데이터 시각화' 작업을 했다. 수많은 양의 데이터를 명료하게 만드는 것은 단순한 정보의 요약이 아니라 정보들을 입체적으로 구성하는 작업을 의미한다. 도너반은 이 작업을 위해 시각 디자이너뿐만 아니라 건축가, 무대 디자이너, 애니메이션 제작자, 기술문명사 등 다양한 영역의 인력을 동원했다. 그들의 역량을 결합하여 정보를 시각적 명료함으로 바꾸는 시도를 했다. 기존의 정보 전달방식이었던 '텍스트'를 '시각화'라는 정보 전달모드로 바꾼 것이다.

이 사례는 우리가 데이터를 읽을 때 어떤 관점으로 해석하느냐에 따라 정보의 양이 많아지거나 적어질 수 있다는 사실을 알려준다. 카테고리 키워드를 뽑는 작업도 이와 크게 다르지 않다. 자료를 어떤 관점으로 해석하느냐에 따라서 A4 100장의 자료를 100개의 키워드로 뽑아낼 수도 있고, 단 1개의 키워드로 정리할 수도 있다.

WRITE | 실전 카피 메시지 만들기

[1단계_ 키워드 설정]

지금까지 설명한 내용을 토대로 실전 카피 메시지를 만들어 보자. 이 실전 카피 메시지 만들기는 각 챕터의 내용에 맞춰 단계별로 이어서 진행할 것이다.

어느 의자 브랜드에서 신제품을 출시하여 아래와 같이 가상의 데이터를 정리했다. 이 데이터를 바탕으로 어떤 키워드를 뽑을 수 있을까?

---

① 제품명 : DADA

② 대상 : 0~5세 대상으로 한 의자

③ 메인 타깃 : 0~5세의 영아 부모

④ 제품특징 :

- 기존의 아기 의자는 신체 발육에 맞춰 조절했지만, 이번 신제품은 아이의 행태 변화에 맞춰 조절 가능함

  예) '먹는다→놀다→공부하다' 3단계의 행태 변화

- 별도 공구 필요 없이 등좌판 조절 가능
- 식판과 안전바는 원터치로 딸각 조절 가능
- 청결한 유지관리를 위한 친환경 커버링

신제품 의자의 사용대상은 하루가 다르게 크는 0~5세 영아다. 메인 타깃은 이제 갓 아이를 키우는 영아 부모다. 부모는 날마다 크는 아이를 키우면서 자기가 미처 느끼지 못한 아이의 불편함을 의자가 관리해 줬으면 하는 마음이다. 아이의 몸에 무해해야 하고 편리한 의자였으면 한다.

의자는 부모와 함께 아이의 행태 변화를 돕는 페이스 메이커 역할을 한다. 의자는 제2의 부모역할을 수행하며 영아는 어린이로, 초보 부모는 노련한 부모가 될 수 있도록 조력한다.

시시때때로 변화하는 아이에 맞춰서 부모도 함께 변화해야 한다는 데 초점을 맞췄을 때 이 의자 제품의 씨앗이 될 수 있는 키워드는 '성장'이다. 고정되지 않고 아이의 변화에 맞춰 유동적으로 바뀌는 의자는 '성장'이라는 키워드로 시작할 수 있다.

MISSION | 실습 미션 1

각 챕터 및 실전 카피 메시지 만들기의 내용을 토대로 여러분이 직접 카피 메시지를 만들어 보자. 실습 미션 역시 각 챕터의 내용에 맞춰 단계별로 이어서 진행할 것이다.

아래 제품 데이터를 바탕으로 키워드를 뽑아 보자.

① 제품명 : 반반
② 대상 : 3040세대를 대상으로 한 즉석밥
③ 메인 타깃 : 30대 맞벌이 신혼부부
④ 제품인식 :
- 즉석밥은 밥 대용으로 먹는다는 소비자인식이 강하다.
- 배달문화로 밥 소비량이 전반적으로 하락했다.
- 즉석밥 용기에 대한 안전성 문제 때문에 심리적인 구매장벽이 있다.
- 밥을 하지 않고 밥상에 즉석밥을 올렸을 때 심리적인 죄책감이 있다.
- 즉석밥은 집밥보다 맛이 없다는 인식이 있다.

3
키워드 전환하기

타깃 밀착도 높이기

나는 가끔 엑스트라의 이름을 잊어버려서,
그들이 입고 있는 옷 색깔로 부르곤 했다.
"거기 빨간 아이." "잠깐, 거기 파란 양복."
그러던 어느 날 야마 상에게 지적을 받았다.
"구로사와 군, 그러면 안 돼. 사람에게는 이름이라는 게 있다네."
– 구로사와 아키라

키워드를 뽑았다. 그럼 끝인가? 아니다. 당신이 뽑은 키워드는 아직 설익었다. 날것이어서 바로 소화하기 힘들다. 첫 단계에서 뽑은 키워드는 대개 추상적이다. 수많은 데이터를 하나로 잇는 카테고리 키워드는 모든 데이터를 포괄하는 추상적인 개념일 수밖에 없기 때문이다.

서울, 대전, 대구, 부산 등 여러 도시를 잇는 카테고리 키워드인 대한민국은 포괄적인 개념이다. 또 개나리, 무궁화, 장미 등의 식물을 하나로 잇는 카테고리 키워드인 꽃도 뾰족함이 부족하다.

뾰족함이 부족하다는 건 '범용적'이라는 뜻이다. 범용적이라면 우리가 앞에서 정한 목표와 타깃에 '딱 들어맞지 않는 키워드임'을 뜻한다. 그럼 우리가 여러 가지 데이터를 분석한 의미가 없다. 우리는 추상적인 키워드를 '살아 있는 언어'로 전환해야 한다. 브랜드의 타깃과 목적에 부합하는 키워드로 싹을 틔워야 한다.

전환 포인트 설정하기

뽑은 키워드를 바탕으로 추출한 메시지는 어디서부터 어디까지 전달해야 할까? 타깃이 너무 광범위해도 안 되고 너무 좁아도 안 된다. 키워드와 타깃과의 밀착도를 높이려면 추출한 키워드의 '전환 포인트'를 설정해야 한다. 그럼 전환 포인트는 어떻게 설정할 수 있을까? 바로 '전제 설정'에 달려 있다. 전제 설정은 다음 2가지 포인트에서 설정할 수 있다.

메시지로 만들 정보 설정하기

첫 번째 전제 설정 포인트는 '정보'다. 외국에서 처음 만난 외국인이 당신에게 "넌 어디서 왔니?"라고 묻는다면 뭐라고 답하겠는가. 아마 대부분 "난 한국에서 왔어"라고 답할 것이다. 자기가 마포구에 산다고 해서 "난 마포구에서 왔어"라고 답하는 사람은 거의 없다. 이렇게 대답하는 사람과는 상식적인 커뮤니케이션이 힘들 수 있다.

그럼 위의 질문에 대부분 "난 마포구에서 왔어"가 아니라 "난 한국에서 왔어"라고 답하는 이유는 무엇일까? 이 대답을 듣는 외국인의 '전제 정보'를 어느 정도 가늠하고 있기 때문이다. 이 외국인은 서울 마포구라는 지명은 몰라도 한국이라는 나라 이름은 알고 있을 가능성이 높다. 만일 이 외국인이 한국에 몇 번 와본 경험이 있다는 정보를 알았다면 한국이 아니라 서울에서 왔다고 대답했을 것이다. 더 나아가 이 외국인이 서울에서 몇 년 살았다는 정보를 알았다면 서울이 아니라 마포구에서 왔다고 대답해도 이상할 리 없다.

또 다른 상황을 가정해 보자. 당신이 한국에서 새로운 회사에 입사했는데 팀 동료가 어디에 사느냐고 물었다. 이 경우에 "전 한국에서 삽니다"라고 답하는 사람은 없을 것이다. 그 동료는 당신이 한국에서 산다는 전제를 알고 물은 것이다. 그 질문에 한국에서 산다고 답한다면 커뮤니케이션의 전제 설정을 잘못한 것이다. 이 경우에 올바른 대답은 "전 홍대 근처에 삽니다" 등이 될 것이다.

회사 면접을 볼 때도 마찬가지다. 나의 스펙트럼을 아래 5가지 포인트로 정리한다고 했을 때 면접관 앞에서 나의 전제 설정은 어떻게 할 수 있을까?

난 한국인이고, 고향은 부산이지만, 지금 거주하는 곳은 서울

이며, 직업은 마케터고, 취미는 영화 보기다.

이 5가지 스펙트럼 포인트에서 면접 시 면접관에게 전달할 수 있는 전제 설정 포인트는 아마 이런 식으로 정할 수 있을 것이다. 면접에서는 면접관이 '알고 싶어하는 정보'를 줘야 한다. 면접관은 내 얼굴이랑 말하는 거로 내가 한국인임을 알고, 고향과 현재 거주지는 이력서를 봐서 알고 있다. 면접관은 나의 직업 커리어와 그 외 취미나 취향을 알고 싶어할 확률이 높다. 따라서 5가지의 스펙트럼 포인트에서 전제 설정 포인트는 다음과 같이 직업과 취미영역이 될 것이다.

위 예에서 알 수 있듯이 브랜드 입장에서 정보의 전제 설정 포인트를 정하려면 '타깃이 무엇을 알고 있고, 무엇을 알고 싶어하는지'를 생각해야 한다. 타깃이 이미 알고 있는 사실을 굳이 불필요하게 메시지로 만드는 건 낭비다. 타깃이 알고 있지 않지만 굳이 알고 싶어하지 않는 포인트를 메시지로 만드는 것 역시 낭비다. 여기서 짚어야 할 포인트는 다음 3가지다.

① 타깃이 브랜드의 어디까지 알고 있는지 파악하기
② 타깃이 알고 싶어하지 않는 정보는 무엇인지 파악하기

③ 타깃이 알고 싶고 관심 있어 하는 정보가 무엇인지 파악하기

이 3가지 포인트를 바탕으로 브랜드의 전제 설정 포인트가 만들어지며, 이 전제 설정 포인트를 바탕으로 키워드를 전환할 수 있다.

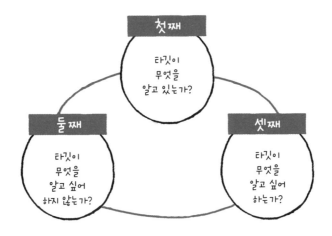

때에 따라서 ②와 ③의 포인트는 고려하지 않아도 된다. 타깃이 알고 싶어하지 않아도 브랜드 입장에서 타깃이 알아야 한다고 판단된다면 메시지로 만들 수 있다. 반대로 타깃이 관심 있어 하는 정보지만 시기가 맞지 않아 메시지화할 필요가 없다면 피할 수 있다.

상황과 타이밍 그리고 브랜드의 메시지 목표에 따라 이 3가지 포인트는 유동적으로 고려해야 한다. 타깃이 얼마나 브랜드에

대한 정보를 알고 있고, 무엇에 관심 없어 하고, 무엇을 알고 싶어하는지는 철저한 고객 데이터 분석을 통해서 확인할 수 있다. 실제로 이 미묘한 포인트를 날카롭게 집어내는 건 매우 까다로운 작업 중 하나기 때문에 많은 시간과 사고력이 요구된다.

유니클로의 히트텍 컨셉 카피를 살펴보자. 히트텍 본연의 가치는 '보온'이다. 체내 열이 히트텍을 통해 최대한 보존되고 발열이 생겨야 한다. 사람들은 이러한 히트텍의 가치를 잘 알고 있다. 히트텍은 따뜻하다는 정보는 이미 많은 사람이 알고 있으므로 굳이 메시지로 만들지 않아도 된다.

유니클로는 이미 사람들이 알고 있는 정보는 피하고 사람들이 잘 알지 못하지만 꼭 알아야 하는 정보를 전달했다. 바로 유니클로의 히트텍은 '섬세한 조직감으로 피부에 밀착된다'는 정보다. 이러한 조직감과 밀착감을 표현하기 위해 유니클로가 쓴 컨셉 카피는 [히트텍은 제2의 피부다]다.

이 카피를 통해 히트텍의 밀착감이 더없이 잘 표현됐다. 다른 히트텍 브랜드가 우리 히트텍은 따뜻하다는 정보를 강조할 때 유니클로는 또 다른 가치정보를 전달함으로써 다른 브랜드와 차별화할 수 있었다. 정보의 전제 설정부터 남달랐던 것이다.

A 히트텍 브랜드		유니클로	
메시지	따뜻한 히트텍입니다	메시지	히트텍은 제2의 피부
전제 정보 키워드	발열감	전제 정보 키워드	조직감

정서의 출발점 정하기

두 번째 전제 설정 포인트는 '정서'다. 최근에 배우 손예진을 다시 보게 된 계기는 영화 〈비밀은 없다〉였다. 지금까지 로맨스 여배우라는 선입견이 강했는데, 이 작품으로 그녀의 또 다른 연기 스펙트럼을 확인할 수 있었다. 믿고 보는 배우 이병헌도 스릴러와 코미디, 액션, 로맨스 등 장르를 가리지 않는 연기 폭으로 관객들을 즐겁게 한다.

배우들은 작품마다 또 다른 모습으로 변신한다. 배우는 역할에 몰입하기 위해서 자기 안의 감정과 성격을 발굴하는 작업을 한다. 배우들은 자기 안에 숨어 있던 감정을 역할에 투영하여 연기하는데, 그 작업은 그들에게는 일상이나 다름없다. 배우가 아닌 사람은 다른 사람이 되는 경험을 하기 힘들다. 살면서 연쇄 살인마가 되는 경험을 얼마나 많은 사람이 할 수 있겠는가.

배우는 늘 자신을 비워 두고 작품에 들어갈 때마다 자신을 캐릭터로 채운다. 사람들은 배우가 역할을 연기한다고 해서 그 배우와 역할을 동일시하지 않는다. 하정우가 연쇄 살인마를 연기한다고 해서 하정우를 연쇄 살인마로 생각하지 않듯이 말이다. 관객은 배우가 척할 뿐이라는 사실을 이해한다.

하지만 작가나 글 쓰는 사람을 보는 시선은 다르다. 사람들은 작가의 글과 작가를 동일시하는 경향이 있다. 작가의 글은 작가의 정체성이 반영됐다고 생각한다.

엄밀히 말해 작가도 배우와 같다. 배우가 작품의 메시지를 전달하기 위해 자기와 다른 역할을 투영했듯이, 작가도 메시지를 전달하기 위해 자기와 다른 가면을 쓴다. 그래서 글로만 보던 작가를 실제로 만나서 얘기해 보면 실망하는 경우가 종종 있다. 자신이 생각했던 작가의 모습과 아주 다르다는 사실을 느끼기 때문이다.

하지만 작가 안에 다양한 페르소나가 있다는 점은 작가에게 좋은 영향을 미친다. 작가가 가진 한 가지 정체성만으로 글을 쓴다면 다양한 독자를 만족시키기 힘들고 금방 한계가 드러나기 때문이다. 다양하고 양질의 페르소나를 가지고 있다는 것은 작가에게는 자산이며 입체적인 글을 쓸 수 있게 하는 힘이 된다.

배우와 마찬가지로 카피라이터에게도 여러 가지 페르소나가 필요하다. 카피라이터는 목적이 명확한 상업적인 문장을 만든다. 브랜드의 타깃과 맞는 카피를 쓰기 위해서는 해당 타깃으로 빙의가 필요하다. 어떨 때는 10대의 발랄함과 병맛에도 빠졌다가, 때로는 20대의 감성에 젖고, 30대 직장인의 위기에 공감하기도 하며, 4050 시니어세대의 스산함도 느낄 수 있어야 한다. 사람들을 혹하게 하기 위해서는 카피에도 연기가 필요하다. 필요할 때마다 자신의 페르소나를 선택할 수 있는 태도가 카피라이터에게 요구된다.

그러려면 카피를 쓰기 전에 어떤 정서에서 출발할지 정해야 한다. 브랜드 타깃이 원하는 정서의 스펙트럼에서 정서의 톤을 선택해야 한다. 정보와 메시지를 잘 뽑아내는 작업도 중요하지만, 타깃이 그 메시지가 담고 있는 정서를 원하지 않는다면 효과적으로 전달하기 힘들다.

아래 그림을 보면 정서의 스펙트럼을 '정적인 정서'와 '동적인 정서'로 크게 나누고 13가지 포인트로 잘게 쪼갰다. 그림에 표현한 정서의 스펙트럼은 예시이며, 그 안에서도 다양한 스펙트럼으로 쪼개질 수 있다.

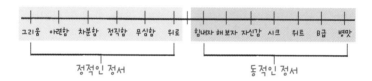

카피라이터는 다양한 정서를 취사선택할 수 있어야 한다. 평소 자기 안에 다양한 코드의 정서를 쌓아 놓고 있어야 언제든 필요할 때 꺼내 쓸 수 있다.

정서도 메시지다. 우리는 흔히 메시지 내용과 그 메시지가 안고 있는 정서를 분리해서 생각한다. 메시지의 정서가 고객에게 촉발하는 효과를 생각한다면 그 정서는 단순히 메시지의 포장지가 아니라 '메시지 자체'가 된다.

병원 검색 플랫폼 굿닥에서는 [오늘 17 대 1로 어깨빵을 했다. 정형외과 찾을 때 굿닥]이라는 카피를 사용했다. 이 카피는 어떤 정서를 담고 있을까? 동적이며 B급 병맛 코드의 정서가 강하게 묻어난다. 이런 정서의 카피를 쓴 이유는 아무래도 디지털 기반의 플랫폼 어플이기 때문에 젊은 층 타깃으로 홍보를 하기 위해서라고 생각할 수 있다.

영어학습 플랫폼 야나두의 [야! 너두 할 수 있어]라는 카피도 나두와 너두의 비슷한 음을 활용해서 위트 있는 정서를 드러냈다. 이와 함께 '해 보자'라는 말을 통해 자신감을 불러일으키는 동적인 정서를 전달했다.

반대로 캐논의 [아버지가 되면 사진은 훌륭해진다]라는 카피는 3040세대를 타깃으로 그들의 감성을 자극했다. 차분하고 아련한 정서를 정적인 느낌으로 전달했다.

오뚜기 컵피자의 [떠먹는 컵피자 컵나좋군]이라는 카피는 떠먹을 수 있다는 제품의 정보를 B급 정서에 담아 전달했다. 어떻게 보면 컵이라는 무색무취한 키워드를 '컵나'로 전환하여 이중 의미를 활용한 B급 정서를 가미했다. 이 카피는 인터넷에 떠도는 짤 문구를 패러디했기 때문에 컵피자라는 새로운 유형의 제품에 비교적 거부감 없는 젊은 층을 공략하기에 효과적이다.

정리하자면, 전환 키워드를 설정하는 이유는 타깃에 조금 더 밀착되고 생동감 있는 메시지를 전달하기 위함이다. 전환 포인트는 '정보'를 기준으로 하거나 '정서'를 기준으로 해서 잡을 수 있다.

전환 포인트 설정은 타깃 분석이 선행돼야 한다. 그래야만 타

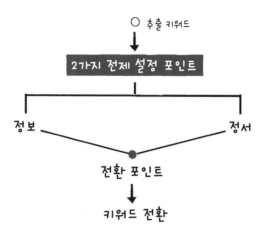

깃과 밀착도 높은 전환 포인트를 설정할 수 있다. 나의 메시지를 타깃에게 전달하기 위해 메시지의 정보와 정서의 전제를 어디서부터 시작하는지에 따라 메시지의 밀착도가 달라진다.

WRITE | 실전 카피 메시지 만들기

[2단계_ 키워드 전환]

앞의 1단계에서 진행한 아기 의자 사례를 이어가 보자.
우리는 신제품 의자 키워드를 '성장'으로 잡았다. 여기서 분석한 타깃 데이터를 바탕으로 키워드를 전환해 보자.

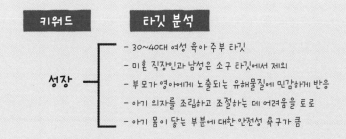

의자의 주요 타깃은 3040 여성이며 육아를 하는 주부로 잡았다. 아기 의자의 제품구매력이 떨어지는 미혼 직장인과 남성은 제외하여 타깃을 세밀화했다.

타깃 조사 결과 타깃은 영아가 유해물질에 노출되는 상황에 민감하게 반응하고, 아기 의자를 조립하는 데 불편함을 토로했으며, 안전성에 대한 욕구가 컸다. 이 데이터를 토대로 어떻게 전환 포인트를 설정할 수 있을까?

먼저 육아를 하는 여성의 상황을 살펴봐야 한다. 육아와 집안 일을 하는 주부는 하루가 눈코 뜰 새 없이 바쁘다. 최대한 신경 쓸 거리를 줄여야 한다. 아이의 의자가 오히려 아이를 위험하게 한다면 민감하게 반응할 수밖에 없다. 그러지 않아도 바쁘고 힘든 육아인데 의자 조립까지 불편하다면 주부의 예민함은 절로 높아진다.

주부가 큰 신경을 쓰지 않아도 아기가 스스로 크듯이 제품의 안전성이 알아서 관리되고 조립도 간편하다는 점을 전환 포인트로 설정해야 한다. 그렇다면 앞서 설정한 '성장'이라는 추상적인 키워드에서 벗어나 타깃에 맞게 조금 더 담백하게 와 닿게 해야 한다. 즉, '스스로 자란다'로 키워드를 전환한다면 조금 더 신제품 의자의 메시지를 강화할 수 있다.

MISSION | 실습 미션 2

앞에서 뽑은 키워드를 토대로 아래 타깃 분석 데이터를 참고하여
전환 키워드를 설정해 보자.

- 30~50대 남녀 기혼 직장인
- 즉석밥 이용률이 높은 1인 가구 및 20대는 소구 타깃에서 제외
- 즉석밥 이용에 대한 주부들의 죄책감 제거 필요
- 신혼부부를 타깃으로 구매장벽을 낮춰 잠재고객 확보 필요
- 즉석밥은 집밥보다 맛이 없다는 선입견 제거 필요

4
크리에이티브 I

카피의 꽃

색채가 풍부해지면 형태도 충실해진다.

− 세잔

키워드 전환까지 했다. 하지만 뭔가 좀 심심하다. 화룡점정이 빠졌다고 할까? 고객의 마음에 콱 박히는 무언가가 아직 부족해 보인다. 전환된 키워드를 조금 더 살아있고 선명하고 맛깔스럽게 전달할 필요가 있다.

지금부터 소개할 내용은 바로 '크리에이티브'다. 창의적인 요소를 카피에 녹여내려고 한다. 이 단계가 카피 쓰기의 재미이자 어려움이다. 여기서 어떤 크리에이티브가 들어가느냐에 따라 소비자 기억에 남는 카피가 되는지 안 되는지가 결정 난다.

크리에이티브 패턴은 총 8가지를 소개하겠다. 모든 창의적인 카피는 이 8가지 패턴의 조합으로 만들어진다고 봐도 무방하다. 결국 우리의 목적은 이 패턴에서 벗어나는 데 있지만, 카피를 처음 쓰는 사람이나 입문자에게는 이 가이드가 많은 도움이 될 것이다. 이 패턴을 체화하고 점차 자신만의 개성을 살린 카피를 쓸 수 있다면 멋진 카피라이터가 될 수 있으리라 확신한다.

서술어 낯설게 하기

카피라이팅에서 '낯설게 하기'란 무엇이고 어떻게 해야 할까?

카피를 쓸 때는 늘 참신함을 고민한다. 카피를 쓸 때 참신함이란 '메시지의 선명함'을 말한다. 문학적 표현은 메시지의 선명함을 위해서 동원된 기술이지 그 자체가 목적은 아니다. 메시지만 선명하다면 문학적 표현을 동원할 필요는 없다. 그렇더라도 낯설게 하기가 문학적 표현의 중요한 기술 중 하나임은 분명하다.

비유대상의 서술어를 원관념에 붙이기

첫 번째 파트인 카피라이터의 생각법 '창의' 챕터에서 잠시 은유의 원리를 설명했었다. 은유는 원관념과 보조관념의 결합으로 만들어진다. 이 원리를 설명하면서 들었던 예 중 하나가 [시간은 돈이다]다. 이 예에서는 시간이 돈이라는 보조관념과 결합하면서 돈의 관점으로 시간을 보기 시작했다.

[시간은 돈]이라는 비유가 있기 전에 '시간'이라는 명사에 붙는 서술어는 단순했다. '시간이 간다', '시간이 흐른다' 정도였다.

시간	돈		시간
- 가다	- 투자하다		- 투자하다
- 빠르다	- 아껴 쓰다		- 아껴 쓰다
	- 낭비하다		- 낭비하다
	- 소비하다	▶[시간은 돈이다]▶	- 소비하다
	- 소모하다		- 소모하다
	- 가지다		- 가지다
	- 주다		- 주다
〈Before〉			〈After〉

'시간은 돈'이라는 말이 보편화되면서 시간에 붙는 서술어가 다양해졌다. '돈'에 쓰던 서술어가 '시간'에도 쓰이게 됐다. '시간을 쓰다', '시간을 가지다', '시간을 아껴 쓰다' 같이 말이다.

또 다른 예로 [호수 같은 마음]에서는 마음을 호수에 비유했으니 호수에 쓰던 서술어를 마음에도 적용할 수 있다. '마음이 잔잔하다', '마음이 물결친다' 등이 그 예다. 눈치챈 독자가 있을지 모르지만, 낯설게 하기 방법 중 하나가 바로 '비유대상의 서술어를 원관념에 결합'하는 것이다. 도식은 아래와 같다.

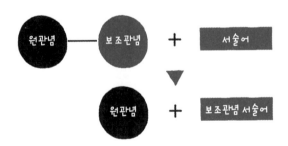

위 도식을 토대로 또 다른 예를 들어 보자. 우리는 흔히 인생을 쓰디쓴 소주에 비유한다. 인생이라는 원관념에 소주에 사용하는 서술어를 붙인다면 어떤 카피가 나올 수 있을까? 아래와 같이 정리해 봤다.

인생에 붙어서 사용하던 기존 서술어는 '보내다, 살다'다. 소주에 붙는 서술어는 '마시다, 한잔하다, 원샷하다, 들이켜다'다. 여기서 [인생은 소주다]라는 은유를 사용한다면 소주에 붙는 서술어를 인생에 붙여서 활용할 수 있다. 그랬을 경우에 효과적인 카피 문장으로는 [인생 한 잔에 원샷]을 뽑을 수 있다.

'낯설게 하기'로 간편하게 카피 뽑기

'낯설게 하기'는 어렵게 느껴질 수 있지만 위 도식과 구조를 이해한다면 간편하게 카피를 뽑아내는 방법이 된다. 한우자조금의 카피 중 [명절, 맛있어진다]는 음식을 명절로 치환하여 서술어를 바꿨다. 음식에 붙어서 사용하는 '맛있다'를 명절에 사용하여 낯설게 하기 효과를 노렸다.

의류 브랜드인 빌트모아에서는 [그의 이야기를 입는다]라는 카피를 사용했다. 옷에 붙는 서술어인 '입다'를 이야기에 붙였다. 이 카피를 통해 단순히 옷을 입는 게 아니라 빌트모아의 옷은 사람의 취향과 이야기를 대변한다는 메시지를 전달했다.

비타 500의 [젊음을 채워요]는 비타 500을 젊음으로 치환하여 비타 500에 붙는 '채워요'라는 서술어를 '젊음'에 붙여서 낯설게 하기 효과를 낳았다.

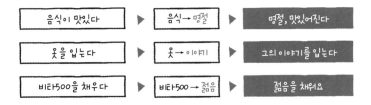

여기서 중요한 포인트는 브랜드에 적합한 치환 단어를 찾아야한다는 점이다. 예를 들어 비타 500은 '젊음'이라는 키워드를 뽑아 조금 더 생동감 있는 브랜드 메시지를 전달하고 싶었을 것이다. 이처럼 어떤 키 메시지를 설정해서 치환하느냐가 낯설게 하기 작업의 핵심이다.

극과 극

극과 극은 서로 일치한다는 말이 있다. 이는 세상을 설명하는 원리 중 하나다. 빛이 한 톨도 없으면 아무것도 볼 수 없지만, 빛이 너무 많아도 눈이 부셔서 아무것도 볼 수 없다. 결국 빛이 없거나 너무 많아도 사물을 볼 수 없다는 사실은 일치한다. 과유불급이라는 사자성어 역시 너무 많음은 곧 없는 것과 같다는 의미를 갖고 있다. 영국의 록밴드 퀸의 보컬인 프레디 머큐리도 이런 노래를 부르지 않았는가. 〈too much love will kill you〉. 사랑이 누군가를 살릴 수 있지만, 그게 너무 과하다 보면 오히려 더 힘들어질 수 있다는 의미다.

아이러니의 2가지 효과

극과 극을 붙여서 문장을 만들었을 때 나타나는 효과는 꽤 크다. 극단적으로 대조되는 의미를 하나로 일치시키면서 생기는 충돌효과는 보는 사람에게 문장을 깊이 각인시켜 준다.

이순신 장군님의 '필사즉생 필생즉사'라는 문장을 보자. 이 유명한 문장을 풀어 보면 '죽기로 싸우면 반드시 살고, 살고자 하면 반드시 죽는다'라는 뜻이다. 이 문장이 왜 우리에게 각인될 수 있을까? 단순히 이순신 장군님의 말씀이어서일까? 아니다. 문장은 단순하지만 문장구성의 밀도가 높기 때문이다. 양극단의 의미를 한 문장 안에서 일치시키면서 아이러니한 효과를 내고 있다.

아이러니의 효과는 2가지다.

첫 번째 효과는 '반전'이다. 필사즉생이라는 문장을 영화 속 장면으로 상상해 보자. 한 병사가 홀로 수만 명의 적진 속으로 미친 듯이 칼을 들고 덤벼든다. 이 장면까지 본 관객들은 저 병사는 죽겠군 하고 생각하는데 오히려 죽겠다고 싸운 병사는 운 좋게 살고, 도망가던 아군 수천 명이 죽는다. 땅에 널브러져 죽어 있는 수천 명의 아군 속에 죽겠다고 싸운 병사가 홀로 우두커니 서 있다.

이런 장면은 관객의 예상을 극단적으로 벗어나면서 충격효과를 준다. 동시에 개연성도 확보된다. 죽고자 싸운 것은 용기가 있었기 때문이고 살고자 한 것은 비겁했기 때문이다. 이와 같은 죽음과 삶의 개연성도 찾을 수 있어 납득이 된다.

두 번째 효과는 '강조'다. 검은색 배경 위에 검은색 점보다는 흰 배경 위에 검은색 점이 더 눈에 잘 띈다. 마찬가지로 강조하고 싶은 키워드에 그와 정반대 편에 있는 의미를 붙여서 배경으로 깐다면 강조 키워드의 의미가 더 잘 살아난다. 미니멀리즘을 설명할 때 자주 쓰는 [덜 한 것이 더 한 것이다]라는 문장을 보면 미니멀리즘의 '덜'을 강조하기 위해 정반대 의미를 가진 '더'를 붙여서 미니멀리즘의 가치를 오히려 더 강조했다.

카피에 사용되는 극과 극의 원리

카피라이터는 카피를 쓸 때 이 극과 극의 원리를 굉장히 많이 사용한다. HP 사의 복합기 제품 카피에서는 [색깔은 컬러, 비용은 흑백]이라는 문장을 썼다. '컬러'와 '흑백'이라는 양극단의 대조되는 의미를 활용해서 메시지를 전달했다.

집토스의 [중개사는 있다 수수료는 없다]라는 카피는 '있다'와 '없다'라는 극단의 의미를 활용해서 심플하지만 날카롭게 메시지를 만들었다.

홈플러스 AS센터의 [1% 맘에 안 들어도 100% 교환 환불]이라는 카피에서도 '1%'와 '100%'라는 극적으로 대조되는 의미를 사용해서 '100% 교환 환불'이라는 메시지를 강조했다.

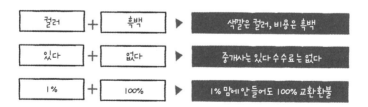

위의 예시들이 극과 극의 원리를 단순하게 사용한 카피라면 아래 나이키의 카피는 극과 극의 응용 버전이다.

[오늘 아침 달린 5킬로미터의 트랙 중 가장 먼 구간은
침대에서 현관문까지의 거리다]

이 문장은 얼핏 보면 극과 극의 단어가 선명하게 눈에 띄지 않는다. 이 카피에서 쓰인 극과 극의 원리는 무엇일까? 여기서는 극과 극의 원리가 단어 단위가 아니라 '문장 단위'로 쓰였다. 다시 말해 문장이 담고 있는 의미를 충돌시켜 극과 극의 원리를 만들었다.

[오늘 아침 달린 5킬로미터의 트랙 중 가장 먼 구간은
<5킬로미터는 길지만 사실 짧다>
침대에서 현관문까지의 거리다]
<침대에서 현관문까지의 거리는 짧지만 사실 길다>

이 문장을 다시 뜯어보면 실제 의미는 이렇다. 오늘 아침 달린 5킬로미터는 객관적으로는 긴 거리다. 피곤한 몸을 침대에서 일으켜 현관문까지 가서 달리기를 준비한 거리는 객관적으로는 짧지만 주관적으로는 길게 느껴질 수 있다. 5킬로미터의 트랙과 침대에서 현관문까지의 거리를 극단적으로 충돌시키면서 카피

의 의미를 더 깊게 만들었다.

어떤가? 극과 극의 원리는 매우 세련된 카피기술이다. 단 한 줄의 문장에 농축된 스토리를 녹여낼 수 있기 때문이다. 그 이유는 아이러니다. 극과 극은 아이러니라는 드라마틱한 원리를 응용했기 때문에 보는 사람에게 인상 깊은 충격을 준다. 그래서 고객에게 메시지를 각인시키기에 효과적이다.

동음이의어

동음이의어는 소리는 같지만 의미가 다른 단어다. 동음이의어는 예나 지금이나 카피에서 많이 사용하고 있다. 동음이의어 카피의 가장 큰 장점은 이중의미 전달이 가능하다는 것이다. 이 말은 '카피의 밀도가 높아진다'는 뜻이다. 한 단어에 이중의미가 있다면 문장 하나로 2가지 의미를 전달하여 메시지 정보량이 풍성해진다.

1음절의 동음이의어를 활용하는 방법

동음이의어 카피를 쓸 때는 '1음절 단어'를 활용하는 방법이 유리하다. 2음절 이상의 단어도 쓸 수 있지만 그럴 경우 이중의미를 활용할 수 있는 경우의 수가 뚝 떨어진다. 1음절이 2음절 이상일 때보다 더 메시지를 임팩트 있게 강조할 수 있기도 하다.

크리에이티브에서 동음이의어를 활용하려면 키워드 전환단계에서 1음절의 키워드 카피를 뽑아내는 게 유리하다. 1음절의 키워드는 확장성이 높고 다양하게 변주할 수 있는 가능성이 크다.

이런 측면에서 심플한 1음절의 키워드가 효과적인 카피 컨셉전략의 시작일 수 있다.

동음이의어 카피는 디지털 마케팅이 성장하면서 많이 활용된 카피기술이다. 2010년부터 생긴 병맛 트렌드가 주목 받으면서 다소 진중한 정보 전달형 카피보다는 재미와 유머를 곁들인 카피에 사람들이 반응했다.

과거에는 동음이의어 카피가 가볍게 느껴져 잘 활용하지 않았지만 이제 시대가 변했다. 오히려 사람들은 뇌리에 꽉 박히는 동음이의어 카피를 좋아하고 거부감도 없다. 카피에 있어서도 메시지뿐만 아니라 재미도 중요해진 것이다.

몇 년 전에 SK텔레콤은 [생활의 폼이 바뀐다]라는 슬로건을 사용했었다. 여기서 '폼'은 우리가 흔히 하는 폼 잡는다 같은 표현처럼 '멋을 부린다'는 의미도 있지만 '플랫폼'의 폼을 가리키기도 한다. SK텔레콤의 슬로건은 폼이라는 단어의 이중의미를 활용하여 1타 2피를 노린 메시지다. 이런 카피는 위트 있게 메시지를 전달할 수 있다는 점에서 효과적이다.

맘스터치에서는 [빠르게 보다 All 바르게]라는 카피를 썼다. 이 카피에서 동음이의어는 All이다. All은 모두를 뜻하기도 하지만 '올'바르다의 '올'로도 활용할 수 있는 동음이의어다. '빠름보다는 모든 것을 올바르게 하겠다'는 메시지를 'All'이라는 1음절로 밀도 있게 표현했다.

오뚜기에서는 죽 제품을 광고하기 위해 [오! 죽이네]라는 카피를 썼다. 여기서 동음이의어는 '죽'이다. 죽은 '음식 죽'을 뜻하기도 하지만 '감탄사'를 뜻하기도 한다. 이 카피는 '오뚜기의 죽은 죽을 만큼 맛있다'는 뜻을 전달한다. '죽'이라는 단 하나의 키워드로 이 긴 문장의 메시지를 압축적으로 표현했다.

동음이의어 카피의 주의점

그럼 동음이의어 카피를 쓸 때 주의점은 무엇일까?

첫 번째는 '재미만을 위한 카피여서는 안 된다'는 점이다. 동음이의어 카피를 잘못 활용하면 자칫 가벼워 보일 수 있다. 재미만 있고 전달하려는 핵심 메시지와 키워드가 없다면 무의미한 카피가 된다. 재미는 메시지를 잘 전달하기 위한 수단이지 목적이 아니다. 재미 이전에 꼭 전달해야 할 메시지와 키워드를 먼저 설정하고 거기에 크리에이티브가 붙어야 한다.

두 번째는 '타깃 설정'이다. 동음이의어 카피는 비교적 젊은 층에 효과적이다. 카피의 목적이 디지털상에서 바이럴되기 위함이기 때문에 젊은층을 공략했을 때 더 큰 힘이 발휘된다. 브랜드 자체가 시니어층을 대상으로 한다면 한 번쯤 다시 고민해 봐야 한다. 과연 이 카피가 그들에게 효과적으로 잘 전달될 수 있을지 그리고 카피가 올라가는 미디어와 접점이 있는지도 생각해 볼 필요가 있다.

동음이의어 카피는 자주 쓰이는 만큼 리스크도 크다. 잘 쓴다면 큰 효과를 발휘하지만 어설프게 쓴다면 유치해질 수 있다. 그저 말장난 정도로 생각하고 덤볐다가는 큰코다치기 쉽다. 동음이의어를 이용해 재미와 메시지를 함께 전달하는 밀도 있는 카피를 써야 하는 만큼 많은 사고력이 필요한 카피기술이다. 그럼에도 동음이의어는 사람들의 뇌리에 콱 박히고 카피의 감칠맛을 살리는 데 효과적으로 쓸 수 있는 카피라이터의 무기다.

라임

라임은 앞에서 설명한 동음이의어와 비슷하지만 미묘하게 다르다. 동음이의어가 소리는 같지만 중의적인 의미를 담고 있는 단어를 활용한다면, 라임은 소리는 비슷하되 뜻이 다른 단어 2개를 활용하는 방법이다.

라임을 활용하면 문장에 리듬감이 생겨서 말맛이 살아나고 귀에 쏙쏙 박히는 효과가 있다. 라임은 힙합 가사에서 많이 볼 수 있다. 다음은 랩퍼 사이먼 D의 〈맘편히〉라는 곡의 가사 일부다. 이 가사에서는 '애야 애'와 '깨야 해'로 각운을 맞춰서 운율을 줬다.

[아직은 내 몸 하나도 못 챙기는 애야 애
잠을 잃은 밤마다 마셨던 술이 빨리 깨야 해]

카피에서 라임을 활용하는 이유

동음이의어가 중의적 의미의 한 단어로 메시지의 '밀도'를 높인다면, 라임은 메시지의 '리듬감'을 강조해 메시지의 '생동감'을 높인다. 라임은 동음이의어와 달리 꼭 1음절만이 유리하지는 않다. 비슷한 소리를 맞추는 방법이기 때문에 유사한 음을 만들 수 있는 단어라면 무엇이든 활용할 수 있다.

동음이의어	라임
소리	같은 소리	비슷한 소리
의미	다른 의미

카피에서 라임을 맞추는 방법이 자주 활용되는 이유는 뭘까?

첫 번째 이유는 '비주얼'이다. 비슷한 음을 가진 단어는 모양도 비슷하다. 라임을 맞춘 문장을 만들 때 비슷한 모양의 단어를 강조해 시각화하면 메시지를 임팩트 있게 전달하기 좋다. 이 방법은 광고시안을 뽑아서 매체에 올렸을 때 보는 사람에게 정돈된 느낌을 준다.

두 번째 이유는 '청각적 효과'다. TV나 라디오 광고에서 라임을 맞춘 카피로 내레이션하면 문장의 리듬감을 살릴 수 있다. 살아 있는 리듬감은 듣는 사람의 머릿속에 운율을 맴돌게 함으로써 브랜드 메시지를 소비자에게 각인시키는 데 효과적이다.

미에로 화이바의 [날씬함을 닮아봐 미에로를 담아봐]라는 카피는 '닮아봐'와 '담아봐'의 비슷한 음을 맞췄다. 미에로 화이바를 마시면 날씬해진다는 메시지를 리듬감 있게 전달했다.

삼성 하우젠의 [당신에게는 멋도 맛입니다]라는 카피는 '멋'과

'맛'이라는 비슷한 음의 단어를 활용했고, 버거킹의 [새우의 자존심을 세우다]라는 카피는 '새우'와 '세우다'라는 비슷한 음의 단어를 활용해서 버거킹의 새우버거를 알렸다.

의자 브랜드 시디즈의 [Chair에 air를 더하면]이라는 카피는 'chair'와 'air'라는 유사음의 단어를 활용함으로써 의자의 통기성을 강조했다.

여드름 연고인 노스카나는 [바를까나 노스카나]라는 카피에서 '-까나'와 '-카나'로 각운을 맞춰서 여드름 났을 때 바르는 연고라는 점을 드러냈다.

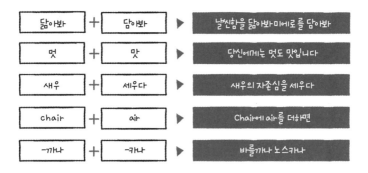

앞에서 설명한 동음이의어와 라임을 꼭 구별해서 사용할 필요는 없다. 동음이의어와 라임을 결합해서 응용할 수 있다면 훨씬 더 매력적인 카피가 될 수 있다. 삼다수의 [물만큼은 삼다수로 산다]라는 카피는 '삼다수'와 '산다'로 음을 맞춰 라임을 만들었다. 동시에 '산다'의 중의적 의미인 구매와 살다를 활용함으로

써 '물은 삼다수로 구매하고, 삼다수로 살아간다'라는 이중의미를 전달했다.

바나나맛 우유의 [반하나? 안 반하나?]라는 카피는 '바나나'와 음운이 비슷한 '반하나'라는 말로 리듬감을 주는 동시에 반할 만큼 맛있는 바나나맛 우유라는 메시지를 그 리듬감에 실어 전달했다.

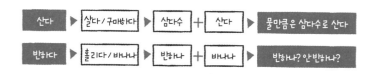

라임을 통해 공감대를 얻는 2가지 포인트

라임을 활용한 카피를 쓸 때는 '고객의 공감대'를 생각해야 한다. 공감대를 생각하지 않으면 회식자리 부장님의 맥락 없는 아재개그로 전락하기 쉽다. 여기서 공감대를 얻을 수 있는 포인트는 2가지다.

첫 번째는 '트렌드'다. 현재 고객들이 관심 있어 하고 좋아하는 트렌드가 무엇인지 살피고, 그 트렌드에 브랜드를 녹여서 고객 공감을 확보하는 방법이다. 유행하는 드라마 대사나 온라인상의 밈을 활용할 수도 있다.

두 번째는 '브랜드와 고객 사이의 커뮤니티'다. 브랜드와 고객 사이에만 있는 문화를 활용한다면 고객들이 카피를 거부감 없이 받아들일 수 있다. 배달의민족은 주기적으로 배민 신춘문예를 열어 음식과 관련한 짧은 시를 공모 받는다. 이 공모전에서는 [당면 삼키고 쫄면 씹는다], [가재는 게 편이고 나는 많이 먹는 편]과 같은 언어유희 카피들이 많이 응모된다. 이렇게 생긴 문화 때문에 배달의민족 언어유희 카피는 고객에게 자연스럽게 받아들여진다.

A is B

'A is B 구조'는 카피 쓰기의 가장 기본 유형이다. 이 구조는 직관적으로 브랜드 메시지를 전달할 수 있고, 그만큼 메시지가 힘 있고 간결하다. A is B 구조는 앞에서 설명한 원관념과 보조관념이 결합한 구조다. 원관념은 브랜드의 핵심 메시지 키워드다. 보조관념은 원관념을 직관적으로 전달하기 위한 비유역할을 한다. 따라서 A is B 구조는 원관념과 보조관념으로 구성되는 은유구조로 되어 있다.

A is B 구조를 사용하기 위한 핵심은 2가지다.

첫 번째는 브랜드의 중요한 '원관념 키워드'를 뽑는 것이다. 이 작업이 제대로 이뤄지지 않으면 A is B 구조는 첫 단추를 잘못 끼운 옷처럼 시작부터 어긋난다. 브랜드 목적에 맞지 않는 원관념 키워드를 뽑으면 그 뒤에 붙는 보조관념이 아무리 뛰어나도 브랜드 메시지의 효과는 떨어진다.

두 번째는 '보조관념 키워드'를 뽑는 것이다. 보조관념은 '원관념의 은유'다. 은유는 원관념과 보조관념 사이의 '유사성'을 통해서 만들어진다. 따라서 보조관념은 원관념과 유사한 속성이 있어야 성립될 수 있다.

이때 유사성의 정도가 매우 상식적인 수준이라면 아무리 은유의 구조를 지녔다고 해도 참신하다고 할 수 없다. [입술은 앵두다], [아기는 천사다], [마음은 호수다]와 같은 은유는 참신하다고 할 수 없다. 너무 많이 사용해서 진부하고 상식적인 표현이 된 은유는 은유로서의 가치가 떨어진다.

은유의 참신성을 높이는 방법

참신성은 원관념과 보조관념 사이에 유사성을 바탕으로 하지만 유사성과 비유사성의 비율이 맞을 때 더 높아진다. 유사성의 비율이 압도적으로 높다면 원관념과 보조관념이 동일화되기 때문에 참신함은 떨어질 수밖에 없다. 참신함은 원관념과 보조관념 사이에 이질적인 간극의 너비에서 나온다.

[마음은 호수다]라는 표현은 마음과 호수 사이에 유사성의 강도가 높고 상식적인 표현이다. 이 표현보다는 [마음은 홍시다]라는 표현이 더 참신하다. 감이 빨갛게 익어서 홍시가 되면 몰캉몰캉해지고 달달해진다. 사랑에 빠져 달콤하고 말랑하게 익은 마음을 홍시로 비유한 문장이 호수로 비유한 것보다 더 상상력의 진폭이 높다.

A is B 구조의 가장 대표적인 브랜드 카피는 에이스의 [침대는 과학이다]다. 이 카피는 침대는 가구라는 전통적인 인식을 뒤

엎고 에이스침대에는 편안함을 위한 과학기술이 집약돼 있다는 메시지를 전달했다. 편리한 침대를 만들기 위해 어떤 과학기술이 들어가 있는지를 강조해 침대 구매를 위한 설득력을 높였다.

구강 청결제 가그린은 [투명은 안심이다]라는 카피를 썼다. 타르 색소 없는 투명한 가그린은 안심하고 사용할 수 있다는 메시지를 압축적으로 전달했다. 투명과 안심 사이에 유사성이 있지만 유사성의 강도가 높지 않아 참신한 카피다.

네파는 스티오라는 아웃도어 신발 브랜드를 출시하며 [네파 스티오, 신발계의 SUV]라는 카피를 썼다. SUV 자동차처럼 도심을 벗어난 아웃도어에서도 자유롭고 편리하게 신을 수 있다는 메시지를 담았다. SUV라는 친숙한 개념을 통해 신제품 컨셉이 무엇인지 확실하게 전달했다.

숙박 플랫폼인 에어비앤비는 [여행은 살아보는 거야]라는 카피로 에어비앤비가 추구하는 가치를 전달했다. 여기서 '산다'라는 키워드는 단지 그곳에서 오래 머물라는 뜻이 아니다. 여행지에 직접 터를 잡고 살아가고 있는 사람들의 집을 빌려 그곳의 일상을 간접적으로 느껴보라는 의미가 강하다. 집은 유명 호텔이

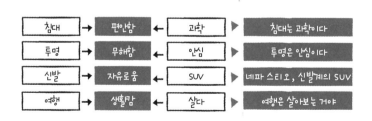

주지 못하는 현지 생활감을 그대로 전달해 준다.

A is B 구조는 브랜드에 대한 고객의 관점을 다르게 유도하고자 할 때 유리하다. 기존의 브랜드 의미를 지우고 새롭게 리브랜딩하고 확장하기 위해서는 지금의 트렌드와 브랜드의 접점이 무엇인지 파악해야 한다. 브랜드를 새롭고 확장적으로 변화시킬 수 있는 플러그인 키워드가 될 수 있는 가치를 찾아야 한다.

브랜드라는 원관념에 새로운 차원의 보조관념을 결합하면 고객은 '보조관념이 지닌 프리즘'으로 브랜드를 바라보게 된다. A is B 구조는 그런 의미로 활용했을 때 직관적이고 힘 있게 메시지를 전달할 수 있다.

의태어와 의성어

의태어는 사물이나 사람의 움직임을 흉내 내는 말이고, 의성어는 소리를 흉내 내는 말이다. 의성어와 의태어는 빠른 상호작용이 중요한 디지털 마케팅시대에 고객의 행동을 유도하는 카피로 효과가 있다.

의성어·의태어는 브랜드의 느낌을 직접적으로 전달하기 때문에 고객이 정보를 해독하는 시간이 매우 짧아진다. 즉, 짧은 시간에 임팩트 있게 브랜드가 추구하는 바를 전달할 수 있다는 장점이 있다.

의성어·의태어가 디지털 마케팅에서 주목받는 이유

의성어·의태어 활용은 브랜드와 고객 사이에 빠른 상호작용이 필요한 디지털 마케팅시장에서 큰 주목을 받고 있다.

과거와 달리 SNS나 디지털 매체를 통한 광고를 할 때는 짧은 시간 안에 고객의 마음을 사로잡아야 한다. 디지털 마케팅에서는 메시지의 정보량이 많을수록 고객은 지루해하고 빨리 스킵

하려고 한다. 이럴 때 의성어·의태어를 활용하면 고객에게 핵심 키워드만 빠르게 강조할 수 있고, 머릿속에 그 키워드를 맴돌게 하여 브랜드를 기억하게 할 수 있다.

그뿐만 아니라 의태어는 사람의 움직임을 흉내 내는 말이기 때문에 고객의 행동을 유도하는 카피로써 효과가 있다. 이런 강점은 한 번의 클릭이라도 더 유도하여 구매전환을 일으켜야 하는 디지털 마케팅에서 큰 힘을 발휘한다.

신세계 온라인몰 SSG닷컴의 [쓱] 광고는 사람들에게 큰 반응을 불러일으켰으며, 여러 분야에서 많이 패러디되기도 했다. 이 광고에 사람들이 반응한 이유는 미니멀한 비주얼과 절제된 배우 연기가 파격적이기도 했지만, 그 배경에는 '쓱'이라는 심플하고 강력한 키워드 카피가 있었기 때문이다. 기존에 온라인몰 광고에서 보던 요란하고 역동적인 광고 컨셉과 달리 쓱 광고에 등장한 배우는 입 한 번 뻥긋하지 않는다. 오로지 '쓱'이라는 핵심 키워드가 강조되도록 광고 스토리가 구성돼 있다.

'쓱'은 스마트폰으로 스와이핑하며 온라인몰에서 상품을 골라 보는 고객들의 행동을 의태어로 표현한 것이다. 디지털 마케팅으로 '쓱'을 활용할 때도 고객들의 구매행동을 유도할 수 있어 효과적이고, 디지털 매체 안에서 바이럴되기도 쉽다.

무엇보다 이 카피의 큰 효과는 단음절에서 오는 간결함이다. 우리가 일상 속에서 자주 사용하는 '쓱'이라는 의태어는 입에 착 착 달라붙고 고객의 머릿속에 브랜드를 쉽게 각인시킬 수 있다.

이 카피는 초기 2년 동안 낮았던 SSG닷컴의 브랜드 인지도를 90% 높이고 매출은 30% 증가시키는 효과를 낳았다.[8]

의성어·의태어로 브랜드 이미지 각인시키기

의태어·의성어는 파격적인 광고카피로써 초기 인지도를 높이고자 하는 신생 브랜드와 온라인 커머스 브랜드에서 많이 활용한다. 다방은 [다다다다다 다있다 다방]이라는 카피를 썼다. 광고에서 드릴로 땅을 뚫을 때 나는 '다다다다다' 소리를 의성화하여 다방의 '다'라는 핵심 키워드를 강조함으로써 '다방에는 모든 방이 다 있다'라는 메시지를 전달했다.

위메프에서는 액션 배우 이소령의 시그니처 기합인 '아뵤!'를 패러디하여 [싸다]라는 카피를 썼다. 광고는 70년대 액션영화의 레트로 느낌을 살렸다. 광고 속 배우들이 액션을 취할 때 내는 '싸다!'라는 기합소리를 통해서 '위메프에서 싸게 상품을 살 수 있다'라는 메시지를 전달했다. B급 액션 코드의 광고 스토리와 [싸다]라는 카피 컨셉이 잘 맞아 떨어져서 효과적이었다.

코카콜라에서는 코카콜라를 먹고 난 후의 쾌감을 표현하기 위해 [부르르르 후루룩]이라는 카피를 썼었다. 코카콜라를 먹으면 저절로 몸이 떨린다는 의미를 의태어로 나타낸 것이다. 코믹한

---

8 http://www.iconsumer.or.kr/news/articleView.html?idxno=4119

광고 스토리와 비주얼이 카피와 잘 매칭되어 고객의 머릿속에
코카콜라의 느낌을 잘 전달했다.

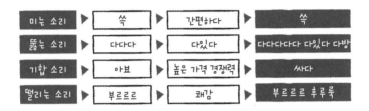

카피에서 의성어·의태어를 활용하는 주목적은 심플한 카피를
반복 강조함으로써 고객에게 브랜드의 메시지를 각인시키는 데
있다. 따라서 많은 정보량을 카피에 담으려는 욕심은 버려야 한
다. 위트 있고 유머러스한 컨셉으로 고객에게 접근하는 것이 좋
다. 이러한 의성어·의태어의 특징은 디지털 마케팅으로 고객을
활성화하고자 하는 브랜드에 효과적인 결과를 낳을 수 있다.

패러디

패러디는 원작을 비틀어서 새로운 메시지를 만드는 표현방법이다. 이 방법은 카피를 쓸 때도 많이 적용된다. 특히 패러디는 SNS나 디지털 마케팅상에서 자주 활용된다. 원작을 위트 있게 비틀어서 사용하는 패러디 특성상 바이럴되기 쉬운 디지털환경에서 효과가 크기 때문이다. 수많은 정보와 콘텐츠들이 넘쳐나는 디지털상에서 한 번이라도 고객의 눈길을 끌려면 카피에도 유머를 담아야 한다.

패러디의 효과를 높이는 2가지 포인트

패러디 카피를 효과적으로 쓰려면 2가지 포인트를 생각해야 한다.

첫 번째는 '원본의 대중성'이다. 패러디가 사람들에게 효과를 보이려면 패러디의 원본 자체가 유명하고 대중적이어야 한다. 그렇지 않다면 사람들은 이것이 무엇을 패러디한 카피인지를 모르기 때문이다. 원본이 지닌 친숙함이 높을수록 그것을 비틀었을 때의 유머강도는 높아진다.

　두 번째는 '시의적절성'이다. 원본이 이슈가 되고 유행이 되는 시기가 있다. 이 시기를 놓치지 않고 빠르게 활용해야 한다. 이 시기를 놓치고 뒤늦게 패러디한다면 효과는 떨어지고 오히려 뒷북이라는 소리를 듣기 십상이다.

　하지만 이 시기적인 포인트가 절대적이지는 않다. 한 시기에 가장 많이 팔리는 베스트셀러는 아니지만 꾸준히 팔리는 스테디셀러처럼 패러디도 지속해서 사용되는 원본들이 있다.

　영화 〈범죄와의 전쟁〉의 명대사 '느그 서장 남천동 살제'나 영화 〈신세계〉의 '드루와 드루와', 〈타짜〉의 '싸늘하다. 가슴에 비수가 날아와 꽂힌다' 등과 같은 원본은 잊힐 만하면 다시 패러디되는 스테디셀러 원본 중 하나다.

　패러디 카피를 쓸 때는 시의적절함을 생각하되, 브랜드 메시지와 딱 들어맞는 원본이 없다면 스테디한 고전 원본을 패러디하는 것도 방법이다.

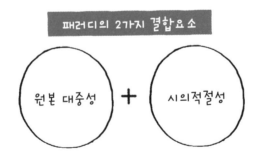

패러디의 2가지 결합요소

원본 대중성 ＋ 시의적절성

버거킹은 한창 영화 〈타짜〉 밈이 온라인상에서 퍼질 때, 이 타이밍을 놓치지 않고 [묻고 더블로 가!]라는 패러디 카피를 썼다. 에뛰드 하우스는 드라마 〈태조 왕건〉의 궁예 대사인 '누가 기침소리를 내었는가?'가 유행할 때 [누가 지금 톤궁예를 하였어]로 패러디했다. 명인만두는 시트콤 〈순풍산부인과〉의 '스토리는 내가 쓸게, 글씨는 누가 쓸래?'라는 대사가 유행할 때 [만두는 내가 먹을게 돈은 누가 낼래?]로 패러디하기도 했다.

김춘수의 〈꽃〉이라는 시의 '내가 그의 이름을 불러 주기 전에는 그는 다만 하나의 몸짓에 지나지 않았다'라는 문장은 수많은 패러디를 낳은 스테디셀러 원본 중 하나다. 삼성 프린터 포토S는 이 문장을 [내가 그녀를 프린트하기 전에는 그녀는 다만 JPG에 지나지 않았다]로 패러디하기도 했다.

원본	패러디
묻고 더블로 가!	▶ 묻고 더블로 가!
누가 기침소리를 내었는가?	▶ 누가 지금 톤궁예를 하였어
스토리는 내가 쓸게 글씨는 누가 쓸래?	▶ 만두는 내가 먹을게 돈은 누가 낼래?
내가 그의 이름을 불러 주기 전에는 그는 다만 하나의 몸짓에 지나지 않았다	▶ 내가 그녀를 프린트하기 전에는 그녀는 다만 JPG에 지나지 않았다

원본 이외의 다양한 패러디 소재

대중문화 콘텐츠에서 꼭 패러디 원본을 가져올 필요는 없다.

앞에서 말했다시피 얼마나 사람들에게 '익숙하고 친숙한 문장이냐'가 포인트다. 우리는 관용적으로 '기깔난다'라는 말을 많이 사용한다. 기가 막힐 정도로 대단하다는 뜻이다. 오디오북 브랜드인 윌라에서는 이 문장을 [귀깔난다]로 변용했다. 귀로 책을 읽는 윌라 브랜드의 정체성을 잘 드러냈다.

또 우리는 '드디어 본색을 드러내는군'이라는 말도 자주 쓰는데, 여기서 본색은 '본래의 빛깔이나 생김새 혹은 정체'를 뜻한다. 복합기 브랜드인 엡손은 이 관용문장을 변용하여 [본색을 드러내다]라는 카피를 써서 복합기의 컬러감을 강조하는 메시지로 활용했다.

심지어 '월화수목금토일'이라는 요일단위도 패러디할 수 있다. 실제로 육아맘을 위한 책에서 [월화수목육아일]이라는 네이밍을 했다. 육아는 일주일 동안 계속된다는 공감 포인트를 살린 책 제목이다.

이렇게 패러디의 대상은 메시지 포인트와 맞기만 한다면 수없이 많은 원본에서 활용할 수 있다.

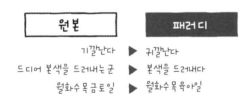

원본		패러디
기깔난다	▶	귀깔난다
드디어 본색을 드러내는 군	▶	본색을 드러내다
월화수목금토일	▶	월화수목육아일

패러디방법은 효과적인 재미를 줄 수 있지만 조심스럽게 접근해야 한다. 패러디 원본이 지닌 컨셉 안에서 브랜드가 말하기 때문에 브랜드만의 톤과 정체성을 강조하기 힘들기 때문이다. 따라서 패러디를 무분별하게 활용하기보다는 인지나 확산을 위한 브랜드만의 명확한 목적 하에 활용하는 게 좋다. 자칫 잘못하면 패러디만 남고 브랜드는 휘발되는 불상사를 낳을 수 있다.

상호작용

카피는 카피의 목적과 타깃을 1순위로 생각해야 한다. 여기에 더불어 메시지가 집행되는 매체를 생각해서 쓴다면 더없이 좋은 카피가 된다. 마치 휴양지나 결혼식장에 어울리는 옷이 따로 있듯이 카피도 매체에 적합한 TPO(Time, Place, Occasion)가 있다.

매체속성을 활용한 메시지 담기

TPO를 맞춰 카피를 쓴다면 매체와 카피 사이에 더 효과적인 시너지를 낼 수 있다. 여기서 생각해야 할 포인트는 '매체의 속성'이다. 카피에 매체의 속성을 활용한 메시지를 담아야 매체와의 상호작용을 높일 수 있다.

우리는 건물 출입구에 들어설 때 출입문에 붙어 있는 '미시오/당기시오'라는 문구를 자주 본다. 사람들이 밀어야 하는 문을 계속 당기고, 당겨야 할 문을 미니까 이런 안내문구를 부착한 것이다.

만일 이 문구를 문이 아니라 출입문 근처 벽에 부착한다면 어떨까? 사람들은 벽에 붙은 문구를 보고 '뭘 밀라는 거야?'라고 갸우뚱할 수밖에 없다. 그리고 정작 문 앞에서는 벽에 붙은 문구와 문 사이에 연관성을 알 수 없으니 밀어야 할 문을 당기거나 당겨야 할 문을 미는 불상사가 초래된다. 결과적으로 문구(카피)의 목적과 타깃은 명확했으나 매체(문)와 문구 사이에 연관성이 약해서 메시지 전달력이 떨어졌다.

반면에 벽이 아닌 문에 문구를 부착하면 매체(문)와 메시지(미시오/당기시오) 그리고 타깃(사람) 사이에 더욱 효과적인 상호작용을 일으킬 수 있다. 사람들이 들어오거나 나갈 때 문에 부착된 미시오/당기시오 문구를 보면 이 메시지는 문을 밀어라/문을 당겨라 라는 메시지임을 직관적으로 알 수 있다. 매체와 카피 사이에 상호작용이 높아졌다고 할 수 있다.

또 우리는 남자 화장실 소변기에 붙어 있는 '한 발짝만 더 가까이'라는 문구를 심심치 않게 볼 수 있다. 소변기 밖에 소변을 흘리는 남자들이 많다 보니 늘 이런 식의 문구가 붙어 있다. 적어도 이런 문구는 '소변을 밖에 흘리지 마세요'라는 딱딱한 메시지보다 위트 있고 다정하다. 카피의 목적은 소변기 밖에 소변을 흘리는 행위를 예방하기 위함이다. 따라서 명령어보다는 이런 식의 예방을 위한 행동유도 카피로 메시지를 전달하는 방법이 더 효과적이다.

'한 발짝만 더 가까이'라는 문구(카피)는 소변기라는 매체의 '가까이에서 볼일을 봐야 한다'라는 속성을 활용하여 상호작용성을 높였다. 이 문구가 좌변기 앞에 붙어 있다면 분명 생뚱맞을 것이다.

언젠가 나는 출판기념회 행사를 준비하면서 이런 카피를 쓴 적이 있다.

[올라오신다고 숨차시죠? 저도 지금 가슴 뜁니다]

행사 건물은 층고가 높아서 3층 행사장까지 꽤 많은 계단을 올라야 했기 때문에 숨이 찰 수밖에 없었다. 나는 이 카피 배너를 2층 계단 벽면에 부착했다. 계단을 오르는 사람들의 시선 정면에 부착해서 메시지 주목도를 높인 것이다. 또 행사에 참여하려고 숨 가쁘게 계단을 오르는 참석자들에 공감하면서, 그 숨 가쁨이 주최자에게는 가슴 뛰는 설렘과 같다는 메시지를 전달하고 싶었다.

이 역시 오르다 보면 숨찰 수밖에 없는 계단이라는 매체속성을 메시지에 활용하여 카피와 매체 사이에 상호작용성을 높인 사례라고 할 수 있다.

디지털 배너에서도 카피와 매체 간의 상호작용을 높일 수 있다. 도루코는 웹툰 플랫폼 배너광고에 [웹툰은 스크롤을 밀어보고 수염은 도루코로 밀어보고]라는 카피를 썼다. 스크롤을 밀면서 웹툰을 보는 매체속성을 활용하여 위트 있게 도루코 면도기의 메시지를 개발한 사례다. 실제로 스크롤을 내리면서 웹툰을 보던 사람이 이 배너를 발견했다면 재미를 느꼈을 것이다. 단순히 '수염은 도루코 면도기로 미세요'라고 했다면 무미건조했을 카피가 매체속성을 활용하여 더욱 상호작용성이 강해졌다.

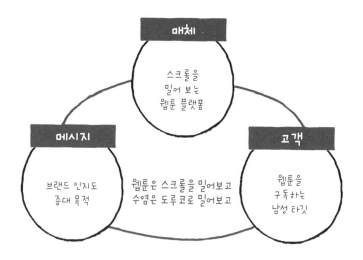

매체와의 상호작용이 높은 카피를 쓰기 위해서는 매체가 어떤 식으로 고객과 상호작용하는지를 살펴봐야 한다. 소변기에 가까이 붙어야 소변을 볼 수 있고, 숨이 차도록 계단을 올라야 행사장에 참석할 수 있고, 스크롤을 내려야 웹툰을 볼 수 있는 등 매체마다 고객과 상호작용하는 다양한 포인트가 있다. 단순히 어떻게 카피를 써야 할지에 매몰되지 말고 매체-메시지-고객이라는 삼위일체 관계를 생각한다면 조금 더 크리에이티브한 카피를 쓸 수 있다.

지금까지 카피의 꽃이라고 할 수 있는 크리에이티브의 패턴을 알아봤다. 총 8가지의 패턴을 다시 간략히 정리해 보자.

첫 번째는 서술어 낯설게 하기다. 원관념에 보조관념의 서술어를 결합하는 방식이다.

두 번째는 극과 극이다. 서로 극과 극의 의미를 한 문장에 넣어서 아이러니한 효과를 통해서 의미를 강력하게 전달한다.

세 번째는 동음이의어다. 소리는 같지만 이중의미가 있는 단어를 활용해서 밀도 있는 의미를 전달할 수 있다.

네 번째는 라임이다. 비슷한 소리의 단어들을 활용하여 리듬감을 줘서 메시지의 임팩트를 전달한다.

다섯 번째는 A is B다. A라는 브랜드의 원관념에 새로운 보조관념 B를 결합하여 브랜드를 새로운 관점으로 바라보게 할 수 있다.

여섯 번째는 의태어와 의성어다. 동작과 소리를 흉내 내는 방법이다. 직관적이고 빠르게 메시지를 전달하기에 효과적이다.

일곱 번째는 패러디다. 대중문화 콘텐츠나 익숙한 관용어를 활용하여 친숙하고 유머러스하게 메시지를 전달하는 방법이다.

여덟 번째는 상호작용이다. 매체속성을 활용하여 고객과 메시지 사이의 상호작용을 높이는 방법이다.

5
크리에이티브 II

세일즈를 위한 정서의 유형

감정(emotion) 속에 움직임(motion)이 그토록 많다는 건
결코 우연이 아니다. 결국 뿌리는 같다.
– 핼 스테빈스

크리에이티브에는 크게 2가지 축이 있다.

첫 번째 축은 '표현'이다. 고객에게 메시지를 얼마나 효과적으로 전달하는지가 관건이다. 이는 앞에서 설명한 8가지 크리에이티브 패턴으로 대표된다.

두 번째 축은 '정서'다. 메시지를 통해 고객에게 어떤 정서를 남기는지가 포인트다. 바로 지금부터 알아볼 내용이 '정서의 유형'이다.

우리가 카피를 쓰는 목적은 무엇일까? 고객이 메시지를 효과적으로 받아들여 브랜드에 좋은 영향을 끼치는 것이다. 하지만 이것은 결과다. 좋은 결과가 나오기까지 중간과정이 있어야 한다. 바로 '정서'가 고객이 이성적으로 메시지를 판단하기 전에, 결국 그 단계까지 오게 하는 중간과정 역할을 한다.

마치 고소한 빵 굽는 냄새에 끌려 나도 모르게 빵집에서 빵을 사듯이 정서는 브랜드의 목적지까지 고객을 유도하는 향기와 같다. 그럴 때 있지 않은가? 특정한 냄새를 맡았을 때 잊혔던 한순간의 기억이 불현듯 떠오르는 경험 말이다. 나에게는 뜨거운 여름날 달아오른 아스팔트에 소나기가 쏟아졌을 때 피어나는 시큼한 아스팔트 냄새가 그렇다. 그 냄새를 맡으면 10살 때 물놀이를 하다 편의점에 가는 중에 갑자기 소나기를 맞았을 때 기억이 떠오른다. 그때의 기억은 머릿속에서 잊혔지만 그때의 감각은 몸 안에 축적돼 아스팔트 냄새만 맡으면 그때 기억이 떠오른다.

브랜드도 마찬가지다. 브랜드의 메시지는 시간이 지나면 고객 머릿속에서 잊히지만 그 안에 담긴 정서는 고객의 몸 안에 축적된다. 기업의 브랜딩작업은 결국 이 정서를 고객에게 심어두는 것이다. 브랜드가 무슨 말을 했는지는 잊었지만 그 메시지의 정서가 어렴풋이 누적돼 있다면 방아쇠 역할을 하는 카피만 전달해도 구체적인 기억을 떠올리게 할 수 있다. 그래서 브랜드의 메시지는 긍정적인 구매전환이라는 결과를 맞이하기까지 정서를 생각해야 한다. 결과에 당도하게 하기에 앞서 우선 어떤 정서를 고객에게 전달할지를 고려해야 한다.

지금부터 브랜드가 고객에게 전달할 수 있는 6가지 유형의 정서를 소개하겠다. 세일즈 목적의 정서 위주로 정리했으므로 세일즈를 위한 카피라이팅을 고민하는 사람들에게 특히 도움이 될 것이다. 브랜드 세일즈를 위해서 어떤 정서를 만들고 어떤 패턴으로 카피를 써야 하며 그 효과가 무엇인지 알아보자.

불안감

'불안감'은 마케팅 세일즈에서 가장 근간이 되는 정서다. 이 세상에 만사가 평화로운 고객만 있다며 우리는 그 어떤 물건도 팔수 없다. 하지만 방법은 있다. 그들이 잊고 지내거나 미처 몰랐던 불안감을 일깨워 주면 된다.

이렇게 말하면 마치 세일즈가 고객을 절벽 끝으로 밀어 넣고 협박하는 존재처럼 생각될 수 있지만 불안감을 이용한 접근방법은 그런 의미와는 전혀 다르다. 우리는 고객을 절벽 끝으로 밀어붙이는 게 아니라 그들 뒤에 절벽이 있음을 일깨워 줄 뿐이다. 브랜드는 그 불안에 동요하는 고객들에게 탁월한 해법을 제시하면 된다.

고객의 욕구 포인트 자극하기

불안감은 결국 고객의 '욕구 포인트'를 자극하는 것이다. 브랜드는 늘 자신의 필요성을 고객에게 알려야 한다. 그들에게 왜 이 상품이 필요한지 설득해야 한다. 그러기 위해서는 이 상품이 필요한 '문제상황'을 설정해야 한다. 아무런 문제가 없다면 고객은 상품을 구매하지 않을 테니 말이다.

그러므로 '가정'이 필요하다. [만약에 A 하다면 어떻게 하실 건가요?]라는 문구처럼 말이다. 자신이 필요해서 적극적으로 상품을 구매하는 고객층은 생각보다 적다. 그런 고객들은 이미 브랜드시장 파이에 진입해 있다. 브랜드 입장에서 더 큰 파이로 확장하려면 기존 고객들을 잡고 가되 잠재고객 확보가 필수다.

그런데 잠재고객은 딱히 욕구가 없다. 브랜드는 그 욕구를 일깨워 줘야 한다. 거기에 반응하는 사람들은 브랜드의 고객으로 편입시킬 수 있다. 그들이 미처 몰랐던 문제를 상기시키고 욕구 포인트를 만들어 줘야 한다. 이를 위한 수단이 되는 정서가 바로 불안감이고, 세일즈 카피는 우리 상품이 그 불안감을 해소할 수 있다는 흐름으로 가야 한다.

불안감 정서를 활용하는 3가지 카피패턴

불안감이라는 정서의 패턴에는 3가지 유형이 있다.

첫 번째 유형은 '나만 몰랐어'다. 다른 사람들은 다 알고 있는 정보와 혜택을 나만 몰랐을 때 오는 불안감이 있다. 나만 뒤처진다는 생각에 마음이 조급해지고 불안해진다. 이 유형의 카피패턴은 이렇다.

[당신만 모르는 A] / [아직까지 A 하고 계십니까?] / [A라면 꼭 봐야 할 B]

위의 패턴들은 고객의 무지를 자극하고 거기서 발동되는 불안감을 세일즈로 연결시키는 유형이다.

두 번째 유형은 '시간이 없다'다. 홈쇼핑에서 마감임박이라는 안내가 뜨면 주문이 급증한다. 그만큼 시간압박은 사람들을 불안하게 한다. 시간압박으로 사람들을 불안하게 만들었다면 절반은 성공한 셈이다. 이런 상황에서 활용하는, 막바지 세일즈를 북돋우기 위한 노타임전략은 꽤 효과적이다. 이러한 유형의 카피패턴은 이렇다.

[마감임박 A% 막바지 세일] / [A가 지나면 다시 없는 B 혜택]
[A가 가기 전에 놓칠 수 없는 B]

세 번째 유형은 '문제가정'이다. 앞에서 설명했다시피 사람들은 다 각자의 불안감이 있다. 불안감을 느끼는 포인트는 다 다르다. 브랜드 상품과 맞아떨어지는 불안감을 상기시키려면 트리거 포인트를 설정해야 한다. 즉, 아직 꽤 많은 사람이 그 상황 또는 사실을 모르기 때문에 불안감을 느끼지 않을 뿐이지, 알게 되면 불안감을 느낄 수밖에 없는 포인트를 설정해야 한다. 이를 위해 고객이 문제라고 생각하는 상황을 가정하여 제시하고 거기서 불안감을 느낄 수 있도록 해야 한다. 이러한 유형의 카피패턴은 이렇다.

[만약 A여도 B하실 건가요?] / [A 한다면 당신은 B가 될 것입니다]

[A를 한 B는 결국 C가 되었습니다]

사실 지금까지 예로 든 카피패턴은 크게 중요하지 않다. 그저
패턴일 뿐이다. 당신이 꼭 기억해야 할 건 정서를 만드는 방법
론이다. 불안감을 만들어내는 3가지 유형을 기억하고 있으면 각
유형의 목적에 맞는 카피를 다양하게 만들 수 있다.

나만 몰랐어 유형의 패턴	시간이 없다 유형의 패턴	문제가정 유형의 패턴
[당신만 모르는 A]	[마감 임박 A% 막바지 세일]	[만약 A여도 B 하실 건가요?]
[아직까지 A 하고 계십니까?]	[A가 지나면 다시 없는 B 혜택]	[A 한다면 당신은 B가 될 것입니다]
[A라면 꼭 봐야할 B]	[A가 가기 전에 놓칠 수 없는 B]	[A를 한 B는 결국 C가 되었습니다]

고객에게 불안감만을 줘서는 안 된다. 고객에게 불안감을 주
는 이유는 '브랜드가 그 불안감을 해소할 능력이 있음'을 전하
기 위함이다. 만일 그것이 전제되지 않는다면 브랜드에 대한 인
식은 더욱 나빠진다. 세일즈단계에서 불안감이라는 정서를 통해
고객의 시선을 끌되, 그 이후 단계에서 브랜드가 그 불안감을 확
실히 해소해 줘야 고객은 브랜드를 더욱 신뢰한다.

기대감

우리는 늘 일말의 기대감을 안고 물건을 산다. 최근에 나의 집 화장실에서 하수구 냄새가 올라왔다. 처음에는 참고 지내다가 도저히 안 되겠다 싶어서 하수구 냄새 차단트랩을 구매했다. 사실 처음 써 보는 제품이어서 정말 하수구 냄새를 잡아줄지 긴가민가했지만 가슴 떨리는 기대감을 안고 구매했다. 효과는 확실했다. 트랩을 설치하자마자 냄새는 싹 사라지고 화장실은 상쾌해졌다.

나는 하수구 냄새 차단트랩이 내 문제를 해결해 주리라고 생각했다. 그 기대감으로 물건을 구매했다. 이처럼 '기대감'이라는 정서 포인트는 특별하지 않다. 기대감은 나에게 부재한 것을 채워 줄 수 있는 대상이 생겼을 때 생겨나는 감정이다. 기대감이 충족됐을 때 우리는 쾌감을 느낀다.

기대감이 작동하는 원리

정신분석학자 프로이트는《쾌락의 원칙을 넘어서》라는 책에서 어린 아기가 하는 나무 실패 놀이를 통해서 부재의 충족으로 생기는 쾌감을 설명한다. 프로이트는 이 놀이를 포르트 다(Fort-Da)라고 불렀다. 아기가 나무로 된 실패를 멀리 던지면서 '포르트'라고 외치고, 다시 잡아 당기면서 '다'라고 외치는 데서 붙인 놀이명이다.

프로이트는 이것이 엄마의 부재가 일으키는 공포를 완화하기 위한 아이의 전략적 놀이라고 했다. 엄마를 통제할 수 없는 아기는 나무 실패를 엄마와 동일시하면서 나무 실패를 던졌다가 잡아당기는 행위를 통해 엄마의 부재를 충족하려고 한다.

우리가 물건을 구매할 때 작동하는 정서적 구동방식도 이와 크게 다르지 않다. 어른이 된 우리는 이제 엄마가 없다고 해서 불안감을 느끼지 않는다. 그런데 어렸을 때는 단순했던 불안의 원인이 이제는 복잡해졌다. 건강, 돈, 인간관계 등 발 내딛는 곳곳이 불안을 터뜨리는 지뢰밭이다. 하물며 나의 경우처럼 화장실에서 올라오는 하수구 냄새조차 상쾌함을 부재하게 함으로써 불안감을 만들어 낸다. 우리에게 충족되지 않는 이러한 문제들을 누군가가 해결해 준다고 하면 기대감을 가질 수밖에 없다.

고객 기대감을 조성하는 2가지 정서유형

브랜드는 바로 이러한 정서의 구동방식을 포착해야 한다. 고객이 느끼는 부재를 드러나게 하고, 그것을 충족시켜 줄 솔루션을 제공하는 것이다. 고객들에게 기대감을 조성하는 정서유형은 크게 2가지다.

첫 번째 정서 유형은 '설렘'이다. 누군가가 지금까지 나를 괴롭히는 불편함을 단번에 해결해 준다면 가슴이 두근거리고 설레지 않겠는가? 그렇다면 카피는 이러한 설렘을 증폭시키는 방향으로 써야 한다. 이런 유형의 카피패턴은 이렇다.

[A 때문에 고민이라면 B가 완벽하게 해결해 드립니다]

이 패턴은 고객의 문제에 공감하면서 해법을 강조하는 방식이다.

[당신의 A 문제를 해결할 두 번 다시 없는 기회]

이 패턴은 고객의 문제를 드러내면서 두 번 다시 기회가 없다는 당찬 말로 고객의 감정을 고양한다.

두 번째 정서유형은 '은밀하게'다. 남들은 잘 모르는 특별한 정보와 혜택을 나에게만 준다면 사람들은 기대감을 갖기 쉽다. 사람은 사회적 동물이기 때문에 알게 모르게 타인과 자신을 비교하면서 살아간다. 상대방은 알고 있고 가지고 있는 것을 나는 모르고 있거나 가지고 있지 않다면 위축되기 마련이다.

이렇듯 사람들은 누구나 알지 못하고 자기만 알고 있는 희귀

한 정보와 혜택에 목말라 한다. 누군가가 귓속말로 말하면 더 듣고 싶고 알고 싶은 것처럼 은밀하게 말하는 방식은 무슨 말인지 알고 싶어하는 기대감을 자극할 수 있다. 이런 유형의 카피패턴은 이렇다.

[A가 ~만에 B할 수 있었던 비결]

이 패턴은 '~만에'라는 한계상황을 설정하고, 그 상황을 극복할 수 있었던 비결이 무엇이었는지를 드러내면서 고객의 기대감을 자극한다.

[A가 결코 말하지 않았던 ○○의 비밀]

이 패턴은 A라는 해당 분야의 전문가나 명망 높은 권위자를 설정하여 남들이 잘 몰랐던 정보를 폭로한다는 느낌으로 기대감을 자극한다.

[~한 당신이 몰랐던 A의 비밀]

이 패턴은 '~한 당신'이라는 말로써 고정관념대로 살아온 고객을 타깃으로 삼고, 'A의 비밀'이라는 문구를 통해 그 고정관념을 전복시킬 만한 정보나 혜택을 주겠다는 느낌을 줌으로써 고객의 기대감을 자극한다.

설렘 유형의 패턴

[A 때문에 고민이라면 B가 완벽하게 해결해 드립니다]
[당신의 A 문제를 해결할 두 번 다시 없는 기회]

은밀하게 유형의 패턴

[A가 ~만에 B할 수 있었던 비결]
[A가 결코 말하지 않았던 ○○의 비밀]
[~한 당신이 몰랐던 A의 비밀]

세일즈를 위해 고객에게 기대감을 조성하는 원리는 간단하다. 고객에게 무엇이 부족한지 파악하고, 그것을 충족해 줄 만한 해법을 안내하는 방향으로 카피를 쓰면 된다. 이를 위해서는 타깃을 정확하게 분석하고 브랜드가 해당 타깃에게 무엇을 제공할 수 있을지 브랜드 자체적인 분석을 먼저 해야 한다. 타깃과 브랜드, 이 두 요소의 분석이 정리된 후에 멋진 카피를 뽑을 수 있다.

흥미로움

사람마다 흥미를 느끼는 포인트는 다르다. 내 친구 A는 영화 〈여자, 정혜〉에서 주인공이 TV를 보다가 거실에 있는 머리카락을 손바닥으로 돌돌 말아 정리하는 장면이 너무 재미있었다고 했다. 나도 그 영화를 봤지만 그 장면이 흥미롭다고 전혀 생각하지 않았다.

나는 〈노인을 위한 나라는 없다〉라는 영화에서 살인마 안톤 쉬거가 모텔방 벽면의 두께를 손으로 느끼는 장면이 재미있었다. 안톤 쉬거는 옆 방에서 총을 쐈을 때 총알이 벽을 충분히 뚫을 수 있는지를 확인하기 위해 그런 행동을 했다. 나는 이 장면이 안톤 쉬거 캐릭터의 치밀함을 잘 표현하는 듯해서 흥미로움을 느꼈다. 그런데 내가 A에게 이 장면이 흥미로웠다고 말했을 때 A의 반응은 시큰둥했다. 고작 손으로 벽면을 만지는 장면이 뭐가 그렇게 재미있냐고 했다.

공감의 설계

이처럼 똑같은 영화를 봐도 사람마다 흥미를 느끼는 포인트가 다르다. 그만큼 사람들에게 흥미로움을 전달하는 일이 얼마나 어려운지를 잘 알 수 있다.

브랜드 입장에서는 타깃으로 하는 고객층이 흥미로워 할 포인트를 추측해 볼 수 있다. 예를 들어 내 친구 A가 재미있다고 한 〈여자, 정혜〉의 그 장면을 자취하는 여자들에게 보여준다면 고개를 끄덕이며 재미있어 할 것이고, 내가 재미있어 한 〈노인을 위한 나라는 없다〉의 그 장면이 범죄수사를 공부하는 사람들에게는 꽤 흥미로울 것이라고 추측하는 식이다. 이런 식으로 결국 고객의 흥미는 고객의 관심사와 브랜드의 서비스가 일치했을 때 생긴다. 이 포인트가 바로 '공감'이다.

우리의 무릎을 탁 치게 하는 공감은 매우 뾰족하다. 〈여자, 정혜〉에서 주인공이 거실에서 홀로 TV만 본다면 공감은 되지만 매우 뭉툭하고 보편적인 장면이어서 크게 와 닿지는 않는다. 이에 비해 주인공이 TV를 보다 거실에 있는 머리카락 뭉치를 손바닥으로 돌돌 말며 정리하는 장면은 '가슴을 찌르는' 공감 포인트가 될 수 있다.

'공감의 설계'는 매우 디테일한 것에서 시작한다. 그런데 이게 쉽지만은 않다. 디테일에만 매몰되면 공감을 획득하지 못하고 보편성에만 치우치면 새로움이 없기 때문이다. 결국 디테일 속에서 보편성을 획득해야 공감할 수 있고 그것이 흥미로움이 된다. 영화감독 잉마르 베리만은 프로 영화감독의 조건을 아래와 같이 말했다.

누구든지 잡을 수 있는 앵글을 잡아라. 하지만 누구든지 네 앵글을 흉내 내려면 고도의 계산 없이는 잡을 수 없는 앵글을 잡아라. 완벽한 앵글을 잡은 다음에 그것을 일관된 계산에 의해 흩트려라. 그것이 프로가 하는 일이다.

보편성은 '대상'이고 디테일은 '관점'이다. 보편적인 대상을 보편적인 관점으로 보는 것이 아니라, 보편적인 대상을 자신만의 디테일한 관점으로 재해석해야 한다. 흥미로움은 바로 여기서 시작된다. 그렇다면 공감을 얻기 위한 카피패턴은 무엇일까?

공감을 자극하는 카피패턴

고객의 공감을 자극하는 세일즈 카피패턴은 먼저 고객의 불만스러운 감정을 끄집어내야 한다. 이런 유형의 카피패턴은 이렇다.

[A 고민은 이제 접어두세요] / [A 때문에 ~하시죠? B가 있으면 ~합니다]

여기서는 미지수로 남겨놓은 A를 얼마나 공감도 높은 포인트로 설정하느냐가 중요하다. K2는 [구두 신다가 운동화 신으면 너무 편하죠? 운동화 대신 플라이하이크 신으면 딱 그 기분인데]라는 카피로 운동화의 편안함을 잘 표현했다. 여자들이라면 뾰족한 하이힐을 신다가 운동화를 신었을 때 날아갈 듯한 편안함을 다 공감할 수 있다. K2는 여자들이 느끼는 그 기분을 공감 포인트로 잡아 '운동화보다 더 편한 플라이하이크'라는 메시지를 효과적으로 전달했다.

이 카피가 효과적인 이유는 편안함이라는 기능을 디테일한 상황 설정으로 풀어내 공감도를 높였기 때문이다. 이 운동화의 카피가 단순히 [플라이폼으로 편안한 플라이하이크]였다면 고객들이 제품에 공감하여 흥미를 느꼈을까? 이렇게 보편적인 대상의 기능을 디테일한 관점으로 풀어내야만 보다 좋은 카피를 쓸 수 있다.

유용함을 강조하는 카피패턴

흥미의 원인이 공감에만 있지는 않다. 사람은 '유용함'에도 흥미를 느낀다. 나는 자취할 때 평소 길가에 버려진 폐지 박스를 거들떠보지도 않았다. 그런데 이사를 할 때쯤에는 길 가다가도 박스가 보이면 주웠다. 그러다가 크고 단단한 박스라도 발견하면 좋아했다. 사람들은 어느 포인트에서든 자신에게 유용하다고 생각되면 거기에서 흥미를 느낀다. 브랜드는 이처럼 고객들에게

전달하는 정보가 유용하다는 점을 강조해야 한다. 이런 유형의
카피패턴은 이렇다.

[앞으로 ~년 후에는 ~이 된다]

이 패턴은 미래라는 불확실성에 기대어 앞을 예견하는 정보나
서비스를 제공할 때 사용된다. 사람들은 확실한 것을 좋아한다.
미래는 불확실하고 잘 알 수 없기 때문에 이 미지의 세계를 예견
하거나 예측하는 정보에 흥미를 느낀다. 이런 카피패턴은 사람
들이 보편적으로 느끼는 미래에 대한 불확실성을 확실성으로 바
꿀 수 있게 하여 유용하다고 느끼게 한다.
또 이런 패턴도 많이 보았을 것이다.

[우리가 몰랐던 A의 N가지 사실] / [성공한 사람들이 공통으로 한 A]

위 사례에서 앞의 카피패턴에서의 A가 만약 고객의 관심 키워
드라면 고객들은 A에 대해 자신이 몰랐던 또 다른 사실이 있는
지 확인하고 싶어하는 심리가 생겨서 흥미를 느낄 수 있다.
[성공한 사람들이 공통으로 한 A]라는 패턴은 제품 세일즈 포
인트를 성공한 사람들의 생활습관이나 행동 루틴에서 발췌하여
접목하는 방법이다. 예를 들어 '버락 오바마가 매일 밤 쓰는 침
대'라고 홍보하는 방식이다. 누구나 성공하고 싶어하므로 워너

비 롤 모델의 생활습관이라고 하면 그것을 따라 하고 싶어한다. 그런 고객이 위와 같은 패턴의 카피를 보면 매우 유용하게 느끼게 된다.

공감 자극 유형의 패턴

[A 고민은 이제 접어두세요]

[A때문에 ~하시죠? B가 있으면 ~합니다]

유용함 강조 유형의 패턴

[앞으로 ~년 후에는 ~이 된다]

[우리가 몰랐던 A의 N가지 사실]

[성공한 사람들이 공통적으로 한 A]

고객에게 흥미로움을 전달하는 건 꽤 어려운 작업이다. 하지만 앞에서 설명한 '공감'과 '유용함' 딱 2가지 포인트만 생각하자.

우월감

내 친구가 쿠팡 음식배달을 부업으로 시작했다. 그 친구는 생전 해 보지 않은 일을 하면서 나름 느끼는 바가 있어 보였다. '이런 집에서도 사람이 살 수 있을까' 싶은 집에도 배달 가고 '이런 집에서 살려면 얼마를 벌어야 할까' 싶은 집에도 배달 갔다고 한다. 한 가지 재미있었던 건 쓰러져 가는 집이나 궁궐 같은 집에서 배달시킨 음식이 모두 버거킹이었다는 사실이다. 그 친구는 음식배달을 하면서 돈이 많든 적든 사람 사는 건 똑같다는 사실을 새삼 느꼈다고 했다.

음식취향은 예나 지금이나 고만고만하다. 요즘 시대에 취향의 고급과 저급을 나누는 기준은 무엇을 먹는지가 아니라 '어떻게 먹는지'다. 똑같은 라면을 먹어도 누구는 양은냄비로 먹고, 누구는 1개에 10만 원이 훌쩍 넘는 정갈한 그릇에 옮겨 담아 먹는다. 월 1억 버는 사람이나 100만 원 버는 사람이나 700원짜리 라면을 먹는 거는 같은데 어떻게 먹는지는 확연히 차이 난다. 그 차이는 바로 '감성'과 '취향'에서 나온다.

우월감을 자극하는 카피패턴

SNS가 발달하면서 자신의 감성과 취향을 거리낌 없이 드러내는 문화가 활발해졌다. 오늘은 어디에 갔고 무엇을 먹었으며 어떤 옷을 입고 샀는지 하나부터 열까지 자신의 라이프 스타일을 온 세상에 전시한다. 자신의 특별한 취향과 감성을 세상에 보여주고 싶어한다.

여기에는 현실과 다른 SNS 세계에서 우월감을 드러내고 싶어하는 심리가 깔려 있다. 그렇기 때문에 브랜드의 콘텐츠는 고객이 주변 사람들에게 공유하여 자랑할 만한 특별한 감성과 취향 혹은 희소한 정보를 담아야 한다. 카피는 바로 그 지점을 공략해야 한다. 특별함과 우월함을 강조하는 카피패턴은 이렇다.

[A(셀럽)가 B만을 고집하는 이유]

셀럽이 사용하는 제품이라고 하면 거기부터 특별함이 부여된다. 셀럽의 가치가 높을수록 이 카피의 힘은 크게 발휘된다. 셀럽이 사용하는 제품을 나도 사용하면 그와 같은 가치를 소비한다는 생각이 들기 때문에 고객의 마음을 사로잡을 수 있다.

[클라스 차이를 아는 ○○을 위한 A]

이 카피패턴은 깊은 식견과 섬세한 미감이 있는 사람만이 이 제품의 진가를 알 수 있다고 말하는 방법이다. 이런 카피를 통해 브랜드를 프리미엄화하고 고객을 자극하면서 우월감을 전달한다.

[A에게는 없고 B에게만 있는 것]

이 카피패턴은 타 브랜드와의 차별성을 강조하면서 무엇이 다른지 고객에게 호기심과 궁금증을 유발한다. 브랜드만의 특별함을 강조하기 때문에 고객에게 브랜드의 우월성을 강조할 수 있고, 고객은 남들이 알지 못하는 차별성을 안다는 희소성 때문에 한 번 더 눈이 간다.

'무엇'보다는 '어떻게'에 방점 찍기

우월감을 강조하는 카피패턴을 활용하여 카피를 쓸 때는 딱 한 가지만 기억하면 된다. '무엇'보다는 '어떻게'에 방점을 잡아야 한다는 점이다. '무엇'은 크게 중요하지 않다. 그 '무엇'이 '어떻게' 다른가? 그 '무엇'을 '어떻게' 활용할 수 있는가? 바로 '어떻게'에서 남들과 다른 우월감과 특별함이 만들어지기 때문이다. LG전자는 LG올레드TV 광고에서 [Q. LED TV는 왜 두꺼운 거죠? / A. 백라이트가 필요한 LCD TV니까요]라는 카피를 썼다. 이 광고는 삼성전자의 QLED TV를 저격하면서 LG TV의 차별화된 지점을 강조하여 우월감을 드러냈다. 이런 식으로 제품의 우월감이 잘 전달된다면 이 제품을 사용하고 있거나 구매하고자 하는 고객은 적극적인 팬층으로 거듭나고 브랜드를 자발적으로 공유한다.

우월감 자극 유형의 패턴

[A(셀럽)가 B만을 고집하는 이유]
[클라스 차이를 아는 ○○을 위한 A]
[A에게는 없고 B에게만 있는 것]

 브랜드의 우월함을 강조하려면 '어떻게'의 지점을 얼마나 프리미엄화하고 차별화해서 가져갈지를 고민해야 한다. 스티브 잡스는 처음 아이폰을 발표할 때 기존 휴대전화가 지닌 불편한 자판과 복잡한 UI라는 약점을 강조했다. 그리고 그것을 보완할 수 있는 차별화된 지점을 아이폰을 통해 드러냈다. 그 결과 지금 애플은 전 세계에 수많은 매니아를 만들었다.

 15만 원짜리 중저가 가방을 들어도 멋스러운 사람이 있고 500만 원짜리 샤넬 백을 들어도 천박해 보이는 사람이 있다. 무엇을 들었는지가 아니라 어떻게 착용했는지, 어떤 마음가짐과 관점으로 물건을 대하는지에 따라 고급과 저급이 결정된다.

 카피도 마찬가지다. 어떤 태도와 관점으로 브랜드를 바라보고 쓰냐에 따라 브랜드의 급이 결정된다. 카피라이터가 브랜드를 대하는 태도와 관점이 중요한 이유가 바로 이 때문이다.

신뢰감

나는 영화 한 편을 보더라도 꼭 평점을 확인한다. 내 취향이 아니라도 관객 평점과 전문가 평점을 비교해 보고 둘 다 높은 점수를 받은 영화라면 보곤 한다. 대중과 전문가를 모두 만족시킨 작품이라면 안 보는 게 손해라는 생각 때문이다. 맛집을 찾을 때도 꼭 리뷰점수를 확인한다. 요즘에는 돈을 주고 평점을 올리는 경우가 많아서 리뷰 수가 어느 정도 쌓인 집이나 주변 입소문을 믿고 방문한다.

브랜딩의 궁극적인 목표

리뷰와 평가가 넘쳐나는 세상이다. 이제 사람들은 타인의 평가를 받지 못한 대상에는 자신의 시간이나 돈을 쓰려고 하지 않는다. 사람들은 타인의 평가를 더 신뢰한다.

MBTI가 유행이다. 지금은 이력서에 MBTI 항목을 추가하는 회사도 있다. 요즘 사람들은 대부분 자신의 MBTI 성향을 알고 있다. 이쯤 되면 여권에도 성별 다음으로 MBTI를 기재해야 하지 않을까 하는 생각이 들 정도다. 과거 혈액형별 성격 논쟁은 그저 농담처럼 웃고 넘어갔지만 MBTI는 다르다. 꽤 많은 사람이 MBTI를 신뢰한다. 여기저기서 MBTI 결과에 공감하고 딱 들어맞는다는 의견이 지배한다. 다수의 사람이 결과에 동조하니 신뢰감은 더욱 높아진다. 신뢰감은 '타인의 평가'에서 나온다.

브랜드에게도 신뢰감은 중요하다. 브랜드는 고객에게서 신뢰감 하나를 얻기 위해 심혈을 기울여 제품을 개발하고 마케팅을 하고 고객관리를 한다. 브랜딩의 궁극적인 목표는 결국 '신뢰감'이라는 키워드로 요약할 수 있다.

많은 브랜드가 유명 연예인을 모델로 쓰는 이유는 그들의 인기 때문만은 아니다. 유명 연예인이 가진 신뢰감 때문이다. 이영애가 쓰는 화장품이라면, 유재석이 광고하는 보험이라면, 아이유가 광고하는 물이라면 믿고 살 수 있다는 신뢰감을 준다. 결국 신뢰감은 고객에게 안전감을 준다.

고객에게 신뢰감을 주는 4가지 방법

신뢰할 수 있다는 건 '안전함'을 뜻한다. 제품이 안전하다면 사람들은 사지 않을 이유가 없다. 그렇기 때문에 신뢰감을 통해 안전함을 전달하는 카피는 세일즈에서 유용하게 쓰인다. 고객에게 신뢰감을 주는 방법에는 4가지가 있다.

첫 번째는 '밴드 왜건(Band wagon) 효과'다. 밴드 왜건은 퍼레이드 앞에서 악단을 선도하는 악대차를 뜻한다. 이 효과는 사람들이 퍼레이드에서 악대차를 쫓아가는 모습에서 유래했다. 세일즈 측면에서는 이 말이 인기 있고 유행하는 상품에 사람들이 동조하는 현상을 뜻한다. 카피를 쓸 때 대중들의 동조현상을 강조하면 조금 더 제품에 신뢰감을 준다. 바로 이런 유형의 패턴들이다.

[지난 N년간 가장 많이 팔린 A] / [요즘 핫 아이템 A]
[99% 사람들이 사용하고 있는 A]

이 카피패턴들의 공통점은 '대중성 강조'다. 가장 많이 팔렸다거나 핫 하다거나 99%의 사람들이 사용한다는 등 대중성을 강조하여 고객들에게 신뢰감을 전달하는 방법이다.

두 번째는 '객관적인 검증'이다. 고객들은 객관적이고 과학적인 검증 데이터를 신뢰한다. 수치를 활용하거나 기관의 검증을 증명하는 방식으로 카피를 쓰면 효과적이다. 주로 이런 패턴들이다.

[누적 판매 N개에 빛나는 A] / [○○협회의 ○○검증 완료를 받은 A]
[역대 A랭킹 1위의 B]

위의 패턴들처럼 판매량이나 공식검증기관의 검증, 고객만족도 조사순위 등 사람들이 신뢰할 수 있는 객관적인 수치와 근거 데이터를 바탕으로 카피를 쓰면 사람들은 안심하고 구매하게 된다.

세 번째는 '권위의 활용'이다. 사람들은 전문가의 의견을 더 신뢰한다. 나보다 더 많은 식견을 가진 사람들의 논리적인 의견을 믿고 따르려고 한다. 또 유명인들이 사용하는 제품이라고 하면 한 번 더 눈이 간다. 앞에서 말했다시피 셀럽은 사람들에게 신뢰감을 준다. 그들이 쓰는 제품이라면 심리적으로 안심하고 구매하는 경향이 높다. 그래서 다음과 같이 권위를 활용한 카피패턴은 효과적이다.

[A(전문가)가 꼭 한다는 B] / [A(셀럽)가 하루 꼭 한 번씩 사용하는 B]
[A(권위기관)에 매년 납품하는 B]

이 카피패턴들처럼 전문가와 유명인 그리고 까다롭고 권위 있는 기관의 검증 받은 제품이라는 식으로 권위를 활용하여 카피를 쓰면 고객에게 설득력을 높여 제품구매를 유도할 수 있다.

네 번째는 '보증'이다. 사람들은 손해를 피하고 싶어한다. 고객들이 구매를 머뭇거리고 선택을 두려워하는 이유는 구매행동이 자신에게 손해를 입히지 않을까 하는 염려 때문이다. 브랜드는 이 두려움을 없애 주면 된다. 고객은 두려움이 사라지면 안심하게 되고 주저 없이 제품을 구매한다. 그러기 위해서는 이런 패턴들로 고객들의 이익을 보증하는 메시지를 전달해야 한다.

[제품이 마음에 들지 않으면 100% 환불]

[만약 A하지 않는다면 돈 안 주셔도 됩니다]

[구매만 하시면 무조건 A해 드립니다]

이 카피패턴들은 모두 구매에 따른 고객의 손해를 제거하거나 제품을 확실히 보증한다는 강력한 메시지를 전달하여 신뢰와 안전감을 전달한다.

밴드 왜건 유형의 패턴	객관적 검증 유형의 패턴
[지난 N년간 가장 많이 팔린 A]	[누적 판매 N개에 빛나는 A]
[요즘 핫 아이템 A]	[OO협회의 OO검증 완료를 받은 A]
[99% 사람들이 사용하고 있는 A]	[역대 A랭킹 1위의 B]
권위 활용 유형의 패턴	보증 활용 유형의 패턴
[A(전문가)가 꼭 한다는 B]	[제품이 마음에 들지 않으면 100% 환불]
[A(셀럽)가 하루 꼭 한 번씩 사용하는 B]	[만약 A하지 않는다면 돈 안 주셔도 됩니다]
[A(권위기관)에 매년 납품하는 B]	[구매만 하시면 무조건 A해 드립니다]

신뢰감은 제품구매의 키 포인트가 되는 고객정서 중 하나다. 신뢰감이라는 정서를 잘 활용하면 판매량을 크게 올릴 수 있다.

심플함

심플함은 이제 종교다. 모두 심플함을 추구한다. 사회적 · 문화적 용량이 커지면 심플함은 자연히 따라온다. 커진 용량은 조밀도를 떨어뜨려서 평방 1m 안에 켜켜이 쌓였던 기능을 분산시킨다.

어렸을 적 한 방에서 같이 생활한 남매의 방은 혼종 그 자체다. 방 하나가 더 늘어나고 각자의 독립된 방이 생기면 고유의 정체성에 맞게 심플해진다. 용량이 커지면 오리지널을 인정해주는 여유가 생기고, 고유의 가치에 집중한 심플함이 된다.

고객들은 조금 더 심플해지라고 말한다. 그들이 심플함을 말하는 이유는 세상이 복잡해서가 아니다. 여유가 생겼기 때문이다. 거친 콘크리트 면이 그대로 보이는 카페에 가도, 버튼 하나달랑 달린 전화기를 봐도 사람들은 왜 만들다 말았냐고 불안해하지 않는다.

오리지널함을 수용할 수 있는 사회는 각각의 본질에 집중할수 있도록 한다. 집 안을 텅텅 비운 미니멀 라이프가 가능해진이유는 집 밖이 맥시멀해졌기 때문이다. 집 안에서 채우지 못한건 집 밖에서 채우면 된다. 차가 없어도 대중교통을 이용하면 되고, 밥이 없어도 배달을 시키면 된다. 그렇기 때문에 브랜드 입장에서 심플함을 강조해야 하는 건 선택이 아니라 시대흐름이다.

고객에게 심플함을 전달하는 2가지 인상

브랜드의 심플함은 제품 디자인이나 기능에서뿐만 아니라 메시지에서도 느낄 수 있어야 한다. 고객에게 심플함을 전달하려면 2가지 인상을 남겨야 한다.

첫째는 '쉽고 간편함'이다. 고객이 '이건 참 심플하네'라고 느낀다는 건 자신의 이해범위 안에 들어왔다는 뜻이다. 고객이 제품을 충분히 이해했다는 건 제품구매까지 쉽게 이어질 수 있음을 뜻한다. 쉽고 간편함을 강조하는 카피패턴은 이렇다.

[내 손안에 A] / [저절로 A하는 B] / [A만 하면 모두 해결되는 B]

[내 손안에 A]라는 카피패턴은 작고 가벼운 편의성을 강조하기 위해서 많이 쓴다. 사람들의 손바닥 사이즈를 통해 제품의 대략적인 크기를 직관적으로 체감할 수 있게 한다. 삼성전자 스마트빔은 [내 손 안에 스마트빔], LG전자는 [손 안에 폭, 넓은 세상 LG G6]라는 카피를 쓰기도 했다.

[저절로 A하는 B]라는 카피패턴은 자동화를 통해 간편함을

전달하고 싶을 때 많이 쓴다. 사람들은 귀찮은 걸 싫어한다. 브랜드가 고객들에게 큰 힘을 들이지 않아도 저절로 된다는 점을 강조했을 때 고객은 반응한다.

[A만 하면 모두 해결되는 B]는 기능의 단순함을 강조하는 카피패턴이다. 이런 패턴에서는 대개 '터치 하나로', '결제 한 번으로' 등 고객의 단순한 행동을 유도하고, 행동 대비 많은 보상이 이루어진다는 메시지를 전달한다.

둘째는 '효율'이다. 앞서 〈골목식당〉의 식당 솔루션 사례에서 강조했듯이 본질은 '효율적'이다. 심플함은 본질만을 남겨놓기 때문에 효율성이 높다. 효율이 높다는 건 투여 대비 산출이 높음을 뜻한다. 메시지에서도 높은 효율성이 강조된다면 고객이 구매 선택을 쉽게 할 수 있다. 효율성을 강조하는 카피패턴은 이렇다.

[A만으로 N% 단축하는 비결] / [N분만에 ~하는 A]
[A는 절반으로 줄이고 B는 100% 늘리는 효과]

[A만으로 N% 단축하는 비결]은 적은 투여로 많은 자원을 단축할 수 있다는 효율성을 강조한 카피패턴이다. 구체적인 수치를 들어서 신뢰감도 함께 전달할 수 있다.

[N분만에 ~하는 A]는 적은 시간을 들여 빠른 결과물을 볼 수 있다는 패턴이다. 시간 효율성을 강조하여 고객을 사로잡는 방법이다.

[A는 절반으로 줄이고 B는 100% 늘리는 효과]에서 미지수 A는 시간이나 가격이 될 수 있다. 이 카피패턴은 투여 대비 높은 효율의 산출량을 보장한다는 메시지를 강조한다. 세일즈를 위해 많이 활용하는 패턴이다.

간편함 자극 유형의 패턴	효율성 자극 유형의 패턴
[내 손안에 A]	[A만으로 N% 단축하는 비결]
[저절로 A하는 B]	[N분만에 ~하는 A]
[A만 하면 모두 해결되는 B]	[A는 절반으로 줄이고 B는 100% 늘리는 효과]

심플함이 주목받기 위한 조건

단순함과 복잡함은 공생관계다. 본질에 집중한 아이폰은 심플하지만, 아이폰과 얽혀 있는 네트워크와 생태계는 상상을 초월하는 복잡함이다. 아이폰이 주목받을 수 있는 이유는 그 복잡한 네트워크를 아이폰 하나면 심플하게 사용할 수 있기 때문이다.

심플함이 주목받기 위해서는 '복잡함이 따라와야' 한다. 심플함은 복잡함 속에서 기능한다. 심플함의 가치는 거기서 나온다. 하지만 브랜드는 심플해지기 위한 '복잡함을 숨겨야' 한다. 마치 물 위에서는 우아하게 보이지만 물밑에서는 바쁘게 발을 움직이는 백조처럼 말이다. 복잡함보다는 심플함을 강조할 수 있는 메시지로 고객을 사로잡아야 한다.

브랜드가 고객에게 심플함이라는 정서를 전달해야 하는 이유는 그들의 이해범위 안에 들어와야 하기 때문이다. 고객이 제품을 이해했다는 것만으로도 구매까지 절반은 먹고 들어간다. 심플한 정서를 전달하기 위해서는 2가지 인상을 남겨야 한다. 위에서 설명한 '간편함'과 '효율성'이다. 브랜드의 메시지를 보자마자 '가뿐하고 쉬울 거 같다', '적은 노력으로 큰 효과를 볼 거 같다'는 느낌을 갖게 해야 한다. 이런 정서 전달만으로 세일즈에서는 큰 효과를 볼 수 있다.

지금까지 설명한 세일즈를 위한 정서의 유형 6가지를 다시 정리해 보자.

첫 번째는 불안감이다. 브랜드가 고객에게 문제상황을 설정하고 필요성을 느끼게 하는 방법이다.

두 번째는 기대감이다. 고객이 느끼는 결핍을 파악하고 그것을 채워줄 수 있는 해법을 제시하는 방법이다.

세 번째는 흥미로움이다. 공감과 유용함을 무기로 고객에게 흥미를 줘서 세일즈로 연결시키는 방법이다.

네 번째는 우월감이다. '어떻게'를 공략하여 다른 브랜드와의 차별화 지점을 알리는 방법이다.

다섯 번째는 신뢰감이다. 타인의 평가를 통해서 안전감을 제시하여 신뢰를 얻는 방법이다.

여섯 번째는 심플함이다. 간편함과 효율성을 강조하여 구매로 이어지도록 하는 방법이다.

WRITE | 실전 카피 메시지 만들기

[3단계_ 크리에이티브]

[키워드]　　　　[전환 키워드]　　　　[크리에이티브]

성장　▶　스스로 자란다　▶　라임 활용

우리는 앞에서 아기 의자 제품의 키워드를 '성장'으로 뽑았고, 해당 키워드를 '스스로 자란다'로 전환했다. 그렇다면 여기에 앞에서 설명한 크리에이티브 요소를 첨가한다면 어떻게 변할 수 있을까? 앞에서 설명했던 많은 포인트 중에 '라임'을 활용한다면 이렇게 카피를 써 볼 수 있다.

[자라는 아이 따라 알아서 잘하는 의자]

'잘한다'와 '자란다'의 라임을 만들어서 크리에이티브 요소를 적용했다. 밥도 잘 먹고 공부도 하면서 스스로 자라는 아이 따라 의자도 거기에 맞게 잘한다는 메시지를 구성했다.

MISSION | 실습 미션 3

앞에서 설정한 전환 키워드를 토대로 크리에이티브를 적용해 보자.

PART 3
카피를 쓰고 난 후

크리에이티브까지 적용했다면 카피 초안은 완성이다. 하지만 여기서 끝이 아니다. 초안은 초안일 뿐 몇 가지 추가작업이 필요하다. 문장은 군더더기 없이 깔끔한지, 표현과 메시지는 분명한지를 확실히 검증해야 한다.

한 가지 카피에 집중해서 생각하다 보면 사고가 매몰되어 객관적인 시각을 잃는 경우가 많다. 자신의 문장에 취해서 다른 관점에서 바라보지 못한다. 문장의 문제점이 정작 본인 눈에는 잘 보이지 않는다.

자신이 쓴 글의 문제점을 보려면 달아올랐던 사고를 식혀야 한다. 무라카미 하루키는 초안을 완성하면 어느 정도 시간을 두고 다시 읽어 본다고 한다. 글에 매몰되어 뜨거워진 집중력을 차갑게 식히고 객관적인 시각에서 문장을 봐야 문제점이 보이기 때문이다.

우리도 그런 경험이 있지 않는가. 새벽 감성에 취해서 쓴 글을 아침에 일어나 다시 봤을 때의 오글거림 같은 경험 말이다. 예전에는 그런 글은 삭제했지만, 글로 밥을 먹고 사는 직업인이라면 삭제하고 나 몰라라 할 수 없다. 다시 고쳐 쓰고 무엇이 문제인지 해결해야 한다.

고쳐쓰기까지 했으면 이제 객관적인 시선이 필요하다. 카피 쓰기에 관여하지 않은 다른 사람이 봤을 때 어떻게 생각하는지 확인해야 한다. 다른 사람들의 피드백을 받고 어떤 점을 고쳐야 하는지 참고해야 한다. 더 높은 객관적인 검증을 하고 싶다면 A/B 테스트로 카피별 선호도를 조사할 수 있다.

이제 마지막 보고가 남았다. 아무리 좋은 카피를 썼다고 해도 그걸 클라이언트에게 잘 보고하지 못하면 헛수고다. 내가 어떤 생각과 목적으로 카피를 썼는지 잘 표현하기 위해서는 보고까지 잘 마무리할 수 있어야 한다.

마지막 파트에서는 우리가 카피를 쓰고 난 후에 해야 할 작업을 설명하겠다.

1
문장 다듬기

모호한 말은 그 옆에 있다는 단어들의 생명력까지 모조리 없애버린다.
족제비가 달걀을 빨아먹고 껍데기만 남기는 것이다.
– 스튜어트 채플린

일반 문장과 카피 문장을 다듬을 때는 차이가 있다. 카피의 목적은 사람들에게 메시지를 남기는 것이다. 이 목적을 달성할 수 있다면 일반 문장에서 허용하지 않는 변칙적 문법도 쓸 수 있다. 하지만 관습을 알아야 실험도 가능하다. 내가 쓴 문장을 올바르게 다듬을 수 있어야 실험도 할 수 있다.

입체파 화가인 피카소의 그림을 보고 나도 이런 그림은 그릴 수 있겠다 하는 사람이 많다. 피카소는 자신만의 실험적인 화풍을 만들기 전까지 전통적인 그림 문법을 이미 마스터하고 경지에 오른 화가였다. 그는 전통적인 화풍을 잘 알고 있었기 때문에 입체파의 실험적인 그림도 그릴 수 있었다.

사람들은 올바른 문장에 담긴 의미를 더 잘 이해한다. 지금부터 어떻게 올바른 문장으로 다듬을 수 있는지 그 방법을 알려주려고 한다. 그렇다고 깐깐하게 국어 문법을 들이밀 생각은 추호도 없다. 대신에 단 몇 가지만 주의한다면 꽤 깔끔하고 올바른 문장을 쓸 수 있다. 지금 소개하는 포인트만 기억한다면 문장을 다듬는 데 큰 무리가 없다.

주어와 서술어의 호응

주어와 서술어는 문장의 두 기둥이다. 이 2개의 기둥이 흔들리면 문장은 무너진다. 무너진 문장은 사람들에게 제대로 전달되지 못한다. 주어와 서술어는 문장을 만드는 핵심 요소다. 이두 요소는 꼭 호응돼야 한다. 물론 카피 특성상 의도적으로 서술어를 낯설게 하기도 한다. 그런 의도가 보이지 않는 문장에서 주어와 서술어가 어긋난다면 잘못된 문장이다. 그렇다면 주어와서술어가 호응하지 않는다는 말이 무슨 뜻일까? 다음 문장을 살펴보자.

[오늘은 당신이 혜택을 얻습니다]

언뜻 말이 되는 문장처럼 보이지만 주어와 서술어 호응이 잘못된 문장이다. 이 문장에서 주어는 '오늘은'이고 서술어는 '얻습니다'다. 주어와 서술어만 붙이면 '오늘은 얻습니다'라고 읽힌다. 주어와 서술어가 호응되지 않아 이해하기 힘들다. 주어와 서술어를 호응시켜 이렇게 고쳐 쓸 수 있다.

[오늘은 당신이 혜택을 얻는 날입니다]

[당신은 오늘 혜택을 얻습니다]

첫 번째로 고쳐 쓴 문장에서는 '오늘은'과 '얻는 날입니다' 사이에 호응이 잘 이루어져 문장을 읽을 때도 깔끔하다. 두 번째로 고쳐 쓴 문장에서도 '당신은'과 '얻습니다' 사이에 호응이 문제 없다. 카피에서 '오늘'을 강조하고 싶다면 첫 번째 문장을 사용해야 하고, '고객 주체'를 강조하고 싶다면 두 번째 문장을 사용하는 게 옳은 판단이다. 또 다른 예를 살펴보자

[불친절은 고객의 마음에 찬물을 끼얹는다]

이 문장도 주어와 서술어의 호응이 잘못됐다. 주어와 서술어를 대응시키면 '불친절은 끼얹는다'가 된다. 문장 호응이 어색하다. 불친절 스스로 끼얹는 행동을 할 수 없기 때문이다. 따라서 주어와 호응이 되는 서술어로 고쳐야 한다. 이 문장은 이렇게 고쳐 쓸 수 있다.

[불친절은 고객의 마음에 찬물을 끼얹는 행동이다]

이렇게 고치면 '불친절은'과 '행동이다' 사이에 호응이 어색하지 않다. '행동이다'라는 서술어를 통해서 불친절을 정리했기 때

문에 문장이 깔끔해졌다.

주어와 서술어의 호응관계를 놓치는 이유

우리는 글을 쓸 때 생각보다 주어와 서술어 사이의 호응관계를 잘 놓친다.

이런 실수를 하는 첫 번째 이유는 문장을 길게 쓰기 때문이다. 문장이 길면 주어를 제대로 찾지 못해 엉뚱한 서술어로 마무리할 가능성이 높다. 많은 문장가가 문장을 간결하게 쓰라고 지도하는 이유는 가독성뿐만 아니라 호응상의 실수를 예방하기 위해서다. 무조건 문장을 간결하게 쓰는 게 정답은 아니다. 다만 주어와 서술어 사이의 비호응을 막으려면 문장을 짧게 쓰는 연습부터 하는 것이 좋다.

두 번째 이유는 입말대로 글을 쓰기 때문이다. 우리가 말할 때 쓰는 입말은 문법적으로 옳지 않은 문장이 많다. 대화할 때 입말은 주어와 서술어의 호응이 틀려도 맥락상 이해하는 데는 큰 문제가 없다. 그런데 입말이 문장으로 쓰이고 그 문장을 내가 다시 읽을 때는 어색함이 눈에 확 들어온다.

입말대로 글을 쓴다면 올바른 문장을 구사하기는 힘들다. 물론 입말이 자연스럽게 느껴질 때도 있다. 그것을 카피 컨셉에서 의도했다면 모를까, 그게 아니라면 입말을 문법에 맞게 다시 고쳐 쓰는 작업이 필요하다.

쓸데없는 잡초 뽑기

문장을 더럽게 만드는 잡초가 있다. 사람들이 습관 때문에 자주 쓰는 '~의(조사)', '~것(의존명사)', '~적(접미사)', '~성(접미사)', '~화(접미사)'가 그런 잡초들이다. 이런 잡초들은 문장에서 전부 뿌리 뽑을 수는 없지만 가능한 한 솎아야 깔끔한 문장이 된다. 최소로 잡초를 줄여야 문장에 힘이 생긴다.

먼저 조사 '~의'는 약방 감초처럼 문장에서 자주 쓰인다. 하지만 너무 자주 쓰다 보면 문장이 길게 늘어져서 힘이 없어진다. '~의'가 없어도 어색하지 않고 의미를 전달하는 데 무리가 없다면 빼는 게 좋다. 아래 예시를 살펴보자.

[호텔의 방] / [국내 잡지시장의 붕괴의 원인]
[축구부와 농구부와의 마찰이 생겼다]

위의 문장들은 굳이 없어도 되는 '~의'가 붙어서 지저분해졌다. '~의'만 빼서 문장을 수정하면 다음과 같이 더 깔끔해지고 읽기도 좋다.

[호텔 방] / [국내 잡지시장 붕괴 원인] / [축구부와 농구부가 마찰했다]

두 번째 잡초인 '~것'은 의존명사다. '~것'은 국어사전에 '사물, 일, 현상 따위를 추상적으로 이르는 말', '사람을 낮추어 이르거나 동물을 이르는 말', '그 사람의 소유물임을 나타내는 말'이라는 3가지 뜻으로 등재돼 있다.

여기서 '추상적으로 이르는 말'이라는 국어사전 뜻풀이에 주목해야 한다. 사람들이 '~것'을 남용하는 이유는 바로 이 뜻풀이에 있다. 자세하게 표현하지 않고 뭉그러뜨려 표현하고 싶을 때 '~것'은 어디에 넣어도 되는 만능이기 때문이다.

'~것'을 남용하면 표현이 게을러지고 곳곳에 움푹 파인 땅처럼 연약하고 죽은 문장이 된다. '~것'을 빼거나 자세한 표현으로 고쳐야 한다. 아래 예시를 살펴보자.

[삶이라는 것은 선택의 연속인 것이다] / [그것을 걸치니 한결 따뜻하다]

위 예시들은 '~것'을 남용하여 문장 맥이 뚝뚝 끊기고, 구체적인 표현을 하지 않아 문장이 게을러 보인다. 아래와 같이 문장을 수정하면 한결 보기가 편하다.

[삶은 선택의 연속이다] / [그 외투를 걸치니 한결 따뜻하다]

세 번째 잡초로 '~적', '~성', '~화'라는 접미사가 있다. 이 접미사들도 문장을 모호하게 한다. 그렇다고 무조건 안 쓸 수는 없다. 참고로 아래 예시들은 일반화된 표현들이어서 써도 무방하다.[9]

[부분적, 전체적] / [적극적, 소극적] / [표준적, 보편적] / [비교적, 형식적]
[기계화, 정보화] / [일반화, 보편화] / [문자화, 기호화] / [우상화, 신격화]
[실용성, 신뢰성] / [필요성, 공통성] / [특수성, 상대성] / [객관성, 타당성]

위의 표현들을 제외하고 '~적', '~성', '~화'를 남용하면 글맛이 텁텁해지고 읽기에도 딱딱하게 느껴진다. 아래 예시를 보자.

[고객을 우선적으로 생각하는 서비스] / [이건 너무 연출화된 장면이다]
[그 둘은 동질성으로 맺어진 관계다]

위의 예시들은 '~적', '~성', '~화'가 불필요하게 사용되어 문장을 맛없게 만들었다. 아래처럼 수정한다면 문장은 더욱더 깔끔해진다.

[고객을 우선 생각하는 서비스] / [이건 너무 연출된 장면이다]
[그 둘은 동질로 맺어진 관계다]

---

9 장하늘, 《글 고치기 전략》, 127쪽

우리가 지금까지 설명한 표현들에 유의해야 하는 이유는 꼭 필요해서가 아니라 습관처럼 사용하기 때문이다. 이 습관을 되돌아보지 않고 쓰던 대로 계속 쓴다면 문장의 격은 더 높아지지 않는다. 이런 표현들을 전혀 안 쓸 수는 없지만 가능한 한 최소로 사용하기를 권장한다.

이름 짓기

　이름 짓기는 문장이 지루하게 늘어날 때 개념을 활용해 간결하게 만드는 방법이다. 내 이름의 뜻은 '크게 빛나다'다. 하지만 그 누구도 나를 '크게 빛나라'라고 어렵고 길게 부르지 않는다. 그 뜻을 '태환'이라고 이름 지어 부르기 때문이다. 누구나 쉽게 나를 이 이름으로 부른다. 문장에서도 이름 지어 부를 수 있는 뜻은 간단명료하게 이름으로 정리할 수 있다.

　영화평론가 이동진은 봉준호 감독의 〈기생충〉이라는 작품의 한 줄 평으로 큰 곤욕을 치렀었다. 그가 쓴 평은 이렇다.

　상승과 하강으로 명징하게 직조해낸 신랄하면서 처연한 계급
　우화

　사람들은 이 평을 보고 문장을 너무 어렵게 썼다고 비판했다. 이동진은 이렇게 쓸 수밖에 없었던 이유를 설명했다. 〈기생충〉이라는 작품에 있는 풍부한 아름다움과 주제의식을 단 한 줄로 쓰려면 조어력이 뛰어난 한자를 사용할 수밖에 없다는 이유였

다. 그의 말처럼 '깨끗하고 맑다'라는 긴 문장보다 '명징하게'라는 개념으로 말하면 문장은 간결해진다.

카피를 쓸 때 뜻을 풀어서 써야 할 때도 있지만 핵심 키워드로 축약해서 표현해야 할 때도 있다. 오히려 축약된 키워드 개념이 고객의 머릿속에 박히기 쉽기 때문이다.

밀리의 서재의 [독서와 무제한 친해지리]라는 카피에서 '무제한'이라는 키워드를 풀어서 '독서와 제한이 없이 친해지리'라고 한다면 무제한이라는 포인트가 살지 않아 카피가 머릿속에 콕 박히지 않는다.

그래서 포인트가 되는 뜻은 '한 가지 개념으로 축약(이름 짓기)'해서 전달하는 방법이 효과적이다. 이름 짓기의 또 다른 예를 보자.

[그는 이 카피를 보고 좋은지 나쁜지 떠들었다]

이 문장을 이름 짓기로 간결하게 줄일 수 있는 포인트는 '좋은지 나쁜지 떠들었다'다. 이 포인트 문장을 축약할 수 있는 이름은 '왈가왈부'다. 아래와 같이 왈가왈부를 사용하여 문장을 수정하면 한결 간결해진다.

[그는 이 카피를 보고 왈가왈부했다]

아래 문장을 이름 짓기로 축약한다면 어떻게 바꿀 수 있을까?

[봄, 여름, 가을, 겨울이 지나자 그녀가 다시 찾아왔다]

이 문장에서 간결하게 줄일 수 있는 포인트는 '봄, 여름, 가을, 겨울'이다. 문장의 특성상 봄, 여름, 가을, 겨울을 다 짚어줄 필요가 없다면 아래와 같이 간결하게 수정할 수 있다.

[사계절이 지나자 그녀가 다시 찾아왔다]

이름 짓기의 효과는 크게 2가지다.

첫 번째는 '압축된 정보'다. 늘어난 뜻을 한 개념으로 축약하니 압축된 정보를 만들 수 있다.

두 번째는 '간결함'이다. 압축된 개념으로 문장을 구성하여 간결하게 뜻을 전달할 수 있다.

문장을 다 쓰고 난 후 불필요하게 늘어난 뜻은 없는지 살펴보자. 읽기 지루하게 늘어난 뜻은 이름 짓기로 정보를 압축하여 간결하게 전달할 수 있다.

능동적인 문장

우리는 습관처럼 수동적인 문장을 쓴다. 수동적인 문장은 행위의 주체가 불분명하다. 뜻을 전달하는 데 자신감이 없고 설득력도 떨어진다. 우리가 자주 쓰는 수동표현은 아래와 같이 고칠 수 있다.

[~이 주어진다] / [~하여질 수 있다] / [~하여져 있다]
[~모아지고 있다] / [~화되다]
▼
[~을 준다] / [~을 할 수 있다] / [~하여 놓다]
[~모으고 있다] / [~화하다]

이번에는 수동에서 능동문장으로 바꾼 예시를 보고 능동문장의 효과를 느껴보자.

[당신에게 혜택이 주어진다면 무엇을 할 건가요?]
[가격 할인에 의하여 여러분이 얻는 이익]

▼

[당신에게 혜택을 <u>준다면</u> 무엇을 할 건가요?]

[가격 할인을 <u>하여</u> 여러분이 얻는 이익]

첫 번째 문장은 '주어진다면'이라는 수동표현을 '준다면'이라는 능동표현으로 수정했다. 두 번째 문장은 '의하여'라는 수동표현을 '하여'라는 능동표현으로 고쳤다. 이렇게 표현을 수동에서 능동으로 고치니까 문장이 더 간결해지고 힘이 생겨 읽기가 수월하다. 또 다른 예를 살펴보자.

[아직 옷에 냄새가 <u>배여서</u> 힘드신가요?]

[올여름 신제품 출시가 <u>기다려집니다</u>]

▼

[아직 옷에 냄새가 <u>배서</u> 힘드신가요?]

[올여름 신제품 출시를 <u>기다립니다</u>]

첫 번째 문장의 '배여서'는 수동으로 쓸 수 없지만 우리가 습관적으로 자주 쓰는 수동표현이다. '배여서'는 '배서'로 수정하면 능동문장이 된다. 두 번째 문장에서 '기다려집니다'도 기다림을 당할 수 없으므로 수동표현을 쓸 수 없다. '기다립니다'라는 능동표현으로 수정하면 문장이 더 깔끔해진다.

수동표현을 능동적인 문장으로 고치면 3가지 효과가 있다.

첫 번째는 문장에 '자신감'이 있어 보인다. 수동표현은 문장을 완곡하게 만들어서 자신감이 없어 보인다. 반면에 능동문장은 행위의 주체가 분명한 구조여서 자신감이 느껴진다.

두 번째는 '간결한 문장표현'이다. 수동표현은 문장을 길게 늘어지게 하는 특징이 있다. 이러면 문장을 읽을 때 뚝뚝 끊겨서 가독성이 떨어진다. 반면에 능동표현은 문장을 간결하게 만들어서 가독성을 높여준다.

세 번째는 '올바른 국어표현'이다. 수동문장은 번역체 문장이 많다. 이런 문장을 능동표현으로 바꿔 주면 한국어의 맛을 더욱 잘 살릴 수 있다.

접속어 줄이기

과하게 접속어를 사용하는 이유는 불안감 때문이다. 접속어가 없으면 비논리적인 문장처럼 보이는 불안감이 있다. 접속어는 불안한 문장 사이를 잇기 때문에 글 쓰는 사람에게 안도감을 준다. 이런 심리도 불필요한 강박이다. 정작 문장을 읽는 사람은 접속어가 없어도 의미를 받아들이는 데 문제없다. 읽는 사람은 문장의 전후관계 맥락을 파악하면서 읽기 때문이다. 다음 문장을 보자.

운동화는 편리함이 중요하다. [그런데] 문제는 올해 조사에서 스타일이 더 각광받았다는 점이다.

위 문장에서 접속어 '그런데'를 빼고 읽어 보자. 접속어를 빼도 의미를 파악하는 데 전혀 문제없었다. 오히려 불필요한 접속어가 있어서 문장이 더 지저분하다. 또 다른 예를 보자.

천재는 1% 재능으로 만들어진다고 할지 모른다. [하지만] 사실 천재성은 오랜 노력의 결과일 뿐이다.

'하지만'은 앞 문장과 뒤 문장의 대립구도를 잇는 접속어다. 사람들은 '하지만', '그러나'와 같은 대립형 접속어를 자주 사용한다. 앞뒤 문장이 뜻하는 바가 급격히 달라서 이것을 확실하게 이어주는 접속어를 쓰지 않으면 불안하기 때문이다. 이 불안을 잠시 접어두고 '하지만'을 빼고 읽어 보자.

천재는 1% 재능으로 만들어진다고 할지 모른다. 사실 천재성은
오랜 노력의 결과일 뿐이다.

접속어를 빼도 문장을 이해하는 데 전혀 문제없다. 접속어를 빼니 문장이 간결하고 읽을 때도 속도감이 있다. 접속어 '하지만'을 빼도 의미가 전달되다니 놀랍지 않은가? 지금까지 당신이 썼던 글에서 '하지만'이라는 접속어를 찾아서 지우고 다시 읽어 보길 권한다. 문장이 전혀 어색하지 않다는 사실이 놀라울 것이다.
접속어는 박음질 실밥이다. 접속어라는 박음질로 문장과 문장 사이를 이었지만 오돌토돌 실밥이 생겨서 문장을 울퉁불퉁하게 만든다. 뻗어 나가는 문장을 읽다가 중간에 접속어가 있다면 돌부리에 걸린 듯 맥이 한풀 꺾이는 느낌이다. 접속어는 문장을 딱딱하게 하고 논리적 강박이 느껴져서 읽는 사람에게도 부담이다. 문장에 힘을 빼고 최대한 자연스럽게 문장이 전달되려면 접

속어는 최소한으로 줄여야 한다.

김훈의 소설 《흑산》에는 접속어가 거의 없다. 접속어가 없기 때문에 한 호흡으로 문장을 읽는 맛이 있다. 접속어를 전혀 안 쓸 수 없지만, 울퉁불퉁한 문장이 아니라 매끈한 문장을 쓰고 싶다면 접속어를 줄이는 연습을 해 보자.

지금까지 문장을 다듬는 5가지 방법을 소개했다. 간략하게 정리해 보자.

첫 번째는 주어와 서술어의 호응이다. 주어와 서술어가 호응을 이루면 문장에 안정감이 생긴다.

두 번째는 쓸데없는 잡초 뽑기다. 조사와 접미사, 의존명사를 골라내면 문장이 깔끔해진다.

세 번째는 이름 짓기다. 길게 늘어지는 문장을 한 가지 개념으로 축약하면 문장이 간략해진다.

네 번째는 능동적인 문장이다. 수동태 표현을 능동형으로 고치면 문장에 힘이 생긴다.

다섯 번째는 접속어 줄이기다. 불필요한 접속어를 줄이면 문장을 보다 자연스럽게 읽을 수 있다.

2
객관적인 검증

어깨를 내려놓고 나서야 비로소 이제껏 잔뜩 힘이 들어갔었다는 것을 깨달았다.
– 오쿠다 히데오, 《남쪽으로 튀어》 중

문장까지 다듬었다면 객관적인 검증을 해야 한다. 내 눈이 전부는 아니다. 경주마처럼 앞만 보고 카피를 썼기 때문에 내가 보지 못하거나 놓친 부분이 분명 있다. 그걸 다시 잡으려면 제3자의 시선이 필요하다. 내가 쓴 카피에서 놓친 부분이 무엇인지 확인받고, 카피를 수정하고 발전시키는 방향으로 활용해야 한다.

물론 타인의 평가가 불편할 수 있다. 그게 대수인가? 필요하다고 판단되는 피드백은 수용하고 핀트가 어긋난 피드백은 참고만 하면 된다. 일단 피드백을 받고 생각해도 충분하다. 이번 챕터에서는 동료 및 상사에게서 피드백 받는 방법을 알아보겠다.

동료들의 피드백도 전부는 아니다. 객관성을 높이려면 조금 더 많은 모수를 통해서 테스트를 받아야 한다. 'A/B 테스트'가 있다. 본인이 작성한 2가지 시안의 광고문구를 디지털 광고로 집행하고 2가지 시안 중 어떤 시안이 더 소비자에게 반응을 얻었는지 확인하는 방법이다.

A/B 테스트를 해 보면 A 안이 더 많은 반응을 얻은 경우 왜 그런 결과가 나왔는지, B안은 A 안보다 무엇이 부족했는지 분석할 수 있다. 이 분석을 토대로 카피를 좀 더 발전시킬 수 있고, 소비자가 원하는 카피 방향이 무엇인지도 파악할 수 있다. A/B 테스트 방법 또한 이번 챕터에서 짚고 넘어가 보자.

어떤 피드백을 원하는가?

피드백은 받기가 어려울까 주기가 어려울까? 사람마다 생각은 다르지만 적어도 나는 피드백 주는 쪽이 어렵다. 피드백을 요청하는 사람은 나보다 훨씬 더 이 문제를 깊이 고민했다. 제대로 된 피드백을 주려면 그 고민의 깊이와 얼추 비슷해야 한다. 하지만 피드백을 주는 제3자는 상대적으로 고민의 깊이가 얕을 수밖에 없고, 결과물의 전후 맥락도 모른다. 그 상태에서는 피드백 주기가 조심스럽다. 그 입장을 이해한다면 피드백을 요청하는 사람은 확실한 입장을 취해야 한다. 자신이 원하는 피드백이 구체적으로 무엇인지 말이다.

피드백의 3가지 유형

피드백의 유형은 크게 3가지가 있다.

첫 번째는 '칭찬'이다. 결과물을 칭찬하고 인정하면서 용기를 북돋아 준다.

두 번째는 '조언'이다. 상대방이 모르는 내용과 개선해야 할 방향을 알려 준다.

세 번째는 '평가'다. 시험점수를 매기듯이 결과물수준이 어디에 위치하는지 알려 준다.

이 3가지 유형에서 내가 원하는 피드백이 무엇인지 확실해야 한다. 칭찬을 원하는가? 조언을 원하는가? 평가를 원하는가? 더 나아가 어떤 칭찬, 어떤 부분의 조언과 평가를 원하는지 구체적이어야 한다.

피드백을 듣고 기분이 언짢을 때도 있다. 내가 원하는 피드백을 듣지 못했기 때문이다. 난 조언을 원했는데 상대방은 칭찬하거나, 칭찬을 원했는데 상대방은 평가할 때 그렇다. 내 입맛대로 피드백을 취사선택할 수 없는 노릇이다. 상대방도 기껏 자기 시간을 써서 피드백했는데 요청한 사람의 반응이 시큰둥하면 서로 기분이 좋지 않다.

나는 침대 브랜드 홍보를 맡았을 때 [짐이라는 글자에 점 하나만 찍으면 잠이 되는 오늘 하루]라는 카피를 쓴 적이 있다. 짐은 오늘 나를 피로하게 했지만, 그 피로감이 잠으로 이어진다는 의미였다. 나는 주변 동료에게 이 카피가 어떤지 물었다. 동료는 10초간 생각하다가 "글쎄… 나쁘지는 않고 좋은 거 같은데"라고 답했다.

나는 이 카피가 쓸데없이 길게 느껴질 수 있다고 생각했다. [짐에 점 하나만 찍으면 잠이 되는 오늘]이라고 고칠까 생각했는데 '님이라는 글자에 점 하나만 찍으면 남이 되는…'이라는 유행가 가사의 친숙함을 가지고 가고 싶어서 고치지 않았다.

내가 피드백을 원한 지점은 바로 이 카피길이에 대한 조언이었다. 그런데 동료는 칭찬인지 평가인지 아리송한 답변만을 남겼다. 여기서 문제의 원인은 대충 피드백해 준 동료일까, 아니면 두루뭉술하게 피드백을 요청한 나일까?

잘못된 피드백이 돌아오는 이유

문제는 나다. 내가 간지러워하는 부분을 정확하게 동료에게 물었어야 했다. 대충 물어보면 돌아오는 대답도 대충이다. 그런 피드백을 듣고 '쟤는 내가 물어도 아무 생각이 없는 녀석이야'라고 생각할 필요 없다. 아무 생각 없이 물어본 건 바로 나 자신이기 때문이다.

피드백을 요청하는 사람이 확실하게 원하는 피드백이 무엇인지 말해 줘야 한다. 칭찬을 원한다면 괜찮은 점이 무엇인지, 조언을 원한다면 개선사항이 무엇인지, 평가를 원한다면 결과물의 수준이 어느 정도인지 물어야 한다.

나는 [짐이라는 글자에 점 하나만 찍으면 잠이 되는 오늘 하루]라는 카피에 대해 다른 동료에게도 피드백을 요청했다. 그 동료는 몇 초간 생각하더니 이런 피드백을 줬다.

"짐 때문에 잠을 잘 자는 거면 매트리스가 없어도 되는 거 아냐? 침대 브랜드 카피인데 침대 때문에 잘 자야지."

내가 생각지도 못한 피드백이었다. 나는 단지 카피를 줄일까 말까를 고민했는데 그 동료는 브랜드와 메시지의 연관성을 지적했다. 처음에 나는 이 조언이 잘못됐다고 생각했다. 판매를 목적으로 한다면 그 동료의 말이 일리가 있지만, 이 카피는 판매목적이 아니라 브랜딩 성격이 강해서 굳이 매트리스와 연결할 필요가 없다고 생각했기 때문이다.

곰곰이 고민하다 그 동료의 말도 일리가 있다고 생각을 바꿨다. 판매목적이 아니어도 브랜드 입장에서 매트리스와 잠의 연관성을 더 뽑아낼 수 있다면 더 나은 건 사실이기 때문이다. 이 경우에는 오히려 두루뭉술하게 물어서 내가 생각지도 못한 좋은 피드백을 받았다.

정리하자면 이렇다. 내가 특정 부분의 피드백을 원한다면 그 지점을 구체적으로 한정해 물어야 제대로 된 답변을 받을 수 있다. 그렇게 물을 경우 내가 생각지도 못한 취약점을 발견하지 못할 수는 있다. 그 특정 지점을 묻는 요청에도 나의 사견이 들어있기 때문이다. 반면에 두루뭉술하게 피드백을 요청하면 내가 보지 못한 지점을 보완할 수 있는 피드백을 얻을 수도 있다.

그렇다면 우리는 피드백을 구할 때 이 2가지 방법을 병행해야 한다. 내가 간지러운 부분을 묻되, 피드백 요청의 범위를 넓혀서 내가 보지 못한 지점의 피드백도 흡수하는 것이다.

이렇게 우리가 피드백을 요청해도 영점 안 잡힌 총처럼 과녁에 맞지 않는 피드백이 오는 경우가 많다. 맥락을 몰라서, 관점차이 때문에, 타이밍이 어긋나서, 그냥 피드백 자체가 잘못돼서인 경우가 그렇다. 그렇다면 우리는 피드백에 대해서 많은 기대를 하지 말아야 한다. 그보다는 피드백을 받아들이는 태도가 더 중요하다. 다음 내용에서는 피드백을 받는 태도를 알아보자.

피드백을 받는 태도

피드백을 받는 사람은 꽤 많은 피드백을 엉터리라고 생각한다. 그 생각이 맞을 수도 있다. 일단 피드백을 주는 사람(피드백 제공자)은 피드백을 요청한 사람(피드백 수용자)이 처한 어려운 제약조건을 잘 알지 못할 확률이 매우 높다. 예산, 투여시간, 인력, 클라이언트가 백그라운드로 요청한 사항 등을 잘 알지 못한다. 피드백 제공자는 맥락을 모르니 엉뚱한 피드백을 주고, 피드백 수용자는 그 피드백을 무시하거나 옳지 않다고 생각한다.

피드백에 대한 방어기제

이렇게 피드백 수용자가 피드백의 문제만 지적하면 학습과 성장기회까지 사라진다. 우리는 피드백을 주는 사람을 고칠 수 없으며 그럴 권리도 없다. 바꾸어야 할 대상은 나 자신이다. 어떻게 피드백을 받아들여야 할지 태도가 중요하다.

피드백은 나의 부족함을 공개적으로 드러낸다. 피드백의 목적이 보완이라면 나의 취약점이 드러날 수밖에 없다. 취약점을 알아야 보완할 수 있기 때문이다. 나의 부족함을 직면하는 일은 괴롭다. 이 괴로움을 완화하려고 방어기제가 작동한다.

피드백에 대한 방어기제는 '주제 변경'이다. 피드백 수용자는 피드백의 취약점을 집어서 '이 피드백이 왜 잘못인지'로 주제를 변경한다. 나 역시 앞의 사례에서 동료가 '침대 브랜드니까 짐이 아니라 매트리스랑 연관시켜야 한다'고 피드백했을 때 이 방어기제가 작동했다. '이 카피의 목적은 판매가 아니라 브랜딩이야. 넌 내 카피 의도를 잘못 이해했어'라고 말이다. 동료는 브랜드와 카피의 연관성을 이야기하고, 나는 카피목적을 이야기했다. 서로 다른 주제다. 엄연히 말하면 이 피드백을 받은 내가 취약점을 드러내고 싶지 않아 주제를 변경한 것이다.

피드백을 주고받을 때 고려해야 할 요인

피드백을 주고받을 때 고려할 요인은 2가지다.

첫 번째는 '관계'다. 피드백 수용자와 제공자 사이가 어떤 신뢰와 전문성으로 엮인 관계인지가 중요하다. 언젠가 나는 와이프가 "무슨 드라마 볼까?"라고 물었을 때 내 SNS 타임라인에서 〈나의 아저씨〉라는 드라마를 극찬하는 피드백을 봤던 기억이 떠올랐다. 그래서 "요즘에 내 페친들이 〈나의 아저씨〉 재미있다고 하는데 그거 볼까?"라고 하니 와이프는 "내가 그렇게 〈나의 아저씨〉 보자고 할 때는 안 보더니 SNS에서 재미있다고 하니까 이

제서야 보자는 거야?"라고 핀잔했다.

와이프가 〈나의 아저씨〉를 보자고 했을 때 내가 안 본 이유는 서로의 드라마 취향이 확실히 다르다고 생각했기 때문이다. 와이프에게 재미있다면 내게는 재미없을 거라고 여겼다. 그런데 나와 취향이 비슷한 페이스북 친구들이 〈나의 아저씨〉를 추천하자 그 말에 홀라당 넘어갔던 것이다.

앞의 사례에서도 만일 나와 내게 피드백을 준 동료의 관계가 카피에 대한 신뢰와 전문성으로 엮여 있었다면 그의 피드백을 그런 식으로 받아들이진 않았을 것이다.

두 번째는 '부정적인 감정'이다. 나쁜 감정은 사실을 왜곡하고 확대해석하기 때문이다. 특히 자신감이 떨어지고 위축돼 세상 모든 게 안 좋게 보일 때는 더욱 그렇다.

피드백이 구체적이지 않고 두루뭉술할 경우 내 감정상태에 따라 확대해석할 여지가 크다. 언젠가 상사가 내 글을 보고 "글이 본인 같네요"라고 피드백한 적이 있다. 나는 그 피드백을 이렇게 받아들였다. '글이 본인처럼 정말 쓰레기네요.'

사실 그때 내 몸과 정신은 말도 안 되게 만신창이였다. 그 당시 나는 스스로를 쓰레기라고 생각했기 때문에 그 피드백을 그렇게 확대해석할 수밖에 없었다. 그때 내가 스스로를 완벽하고 최고라고 생각했다면 그 피드백을 어떻게 받아들였을까? '글이 본인처럼 정말 최고네요'라고 생각했을 것이다. 나중에 안 사실이지만 그 피드백은 글에서 뚝뚝함이 묻어난다는 평이한 평가였다.

이러한 왜곡을 막으려면 감정을 들여다봐야 한다. 피드백 제공자와 내가 어떤 관계인지 정의하고, 그 관계가 주는 감정을 관찰해야 한다.

지금 나의 감정이 어떤지도 설명할 수 있어야 한다. 상대방과 나의 특정한 관계 때문에 생기는 선입견은 없는지, 지금 내 들쭉날쭉한 감정 때문에 피드백을 왜곡하고 있지 않은지 말이다.

피드백으로 성장하기 위한 조건

우리가 피드백을 받는 이유는 결국 '성장'하기 위함이다. 조금 더 나아지려고 피드백을 받는다. 우리는 '성장형 방식'으로 피드백을 받아야 한다. 부정을 긍정으로 전환하고, 성장에 대한 믿음이 있고, 도전을 기회로 받아들이며, 늘 변화할 수 있다는 사고 방식이 있다면 피드백을 담대하게 받아들일 수 있다.

피드백을 거부하고 마음 상해하는 이유는 피드백 자체의 문제도 있지만 대부분의 피드백을 나에 대한 '평가'라고 생각하기 때문이다. 평가는 나의 자존감을 흔들기 때문에 타격이 크다.

사실 꽤 많은 피드백은 '평가'가 아니라 '조언'이다. 조언과 평가가 함께 있기도 하지만 주관적인 평가는 그저 피드백 제공자 개인의 해석일 뿐이다. 그 해석을 무조건 따를 필요 없다. 조언과 평가 중에서 나에게 도움되는 조언을 구분해야 한다. 한번은 클라이언트가 여성용 브랜드에 대해 내가 쓴 글을 보고 이렇게 말한 적이 있었다.

"글을 조금 더 말랑말랑하고 톡톡 튀게 써 주세요."

이 말은 조언일까 평가일까? 클라이언트가 어떤 의도로 말했는지는 중요하지 않다. 피드백을 받는 사람이 어떻게 받아들이느냐가 중요하다. 조언으로 받아들였다면 '그래 다음에 쓸 때는 브랜드 타깃 커뮤니티에서 자주 쓰는 문체를 따라 해 봐야겠군'이라고 생각할 것이다. 평가로 받아들였다면 '역시 내가 남자여서 문제 있다고 평가한 거야. 여성용 브랜드가 나랑 안 맞는 걸 어떻게 해'라고 생각했을 것이다.

조언은 개선의 여지를 두지만 평가는 거기서 그친다. 클라이언트가 어떤 의도로 말했든 당신이 조언으로 받아들인다면 성장할 수 있고, 평가라고만 받아들인다면 거기서 변화는 없다.

무시해도 되는 3가지 피드백 유형

모든 피드백을 다 받아들일 필요 없다. 위의 설명은 모든 피드백이 나의 성장에 도움된다는 뜻은 아니다. 몇 가지 종류의 피드백은 무시해도 된다.

첫 번째는 '인격을 공격'하는 피드백이다. 내용이 아니라 피드백을 요청한 사람의 인격을 피드백할 때다. '넌 문제야', '이딴 식으로 하고 밥이 넘어가니'와 같은 유형이다.

두 번째는 내가 '원하지 않는 주제'로 피드백할 때다. 카피 키워드가 어떤지 물었는데 동문서답식으로 카피길이에 대해 피드백한다면 무시해도 좋다.

세 번째는 '협박'과 '경고'다. 피드백 제공자가 자신의 손아귀에 당신을 틀어쥐고 마음대로 휘두르고 싶을 때 쓰는 피드백은 무시해야 한다. '이런 실력으로는 이번 달 프로젝트에서 아웃이야', '이렇게 하면 이번 인사평가에서 불이익이 있을 거야' 같은 피드백이 그렇다. 상대방에게 현실적인 결과와 정보를 제공하는 차원의 경고라면 이해할 수 있다. 위협은 다르다. 상대방을 궁지에 몰아넣어 두려움을 느끼게 하는 피드백에서는 당장 탈출해야 한다.

피드백은 중요하다. 특히 무언가를 이제 막 시작하는 사람에게는 더더욱 그렇다. 신입사원들은 피드백 주는 선배를 피곤해하는 경향이 있다. 다양하고 많은 피드백을 받아 본 사람일수록 보는 눈의 스펙트럼이 넓다. 피드백을 많이 받지 못한 사람은 그 순간은 편할지 모르지만 그런 순간들이 쌓일수록 판단력이 둔해진다.

남들에게는 보이는 문제점이 자신에게 보이지 않는다면 일을 그르치는 상황을 넘어서 실력을 의심받는다. 그렇기 때문에 피드백을 받는다는 건 나에게 장착되지 않은 타인의 눈을 장착하는 것과 같다. 이 타인의 눈이 나에게 많을수록 다양한 관점에서 사물을 판단할 수 있다.

피드백을 해석하는 방법

안타깝지만 피드백 제공자는 구체적인 피드백을 주지 않는다. 피드백 요청내용을 보고 느낀 결과만 말할 뿐이다. 왜 이런 피드백 결과가 나왔는지 근거 데이터는 거기에 없다.

진짜 피드백 찾기

인간의 사고방식은 컴퓨터처럼 데이터 중심이 아니라 이야기 중심이다. 요청내용이 오면 거기에 해당하는 데이터를 머릿속에서 수집하고 조합한다. 그렇게 정리된 결과만을 상대방에게 전달한다. 피드백 받는 사람은 결과만 듣기 때문에 왜 이런 피드백을 주는지, 그 안에 어떤 의미가 있는지 확실하게 못 받아들인다. 피드백을 받는 사람은 피드백을 잘 해석해야 한다.

언젠가 상사가 내가 쓴 카피를 보고 "이 카피는 설득력이 약하다"라고 피드백한 적이 있다. 상사는 무엇을 보고, 어떤 점 때문에 설득력이 약한지는 말하지 않았다. 나는 내가 쓴 카피에서 설득력을 떨어뜨리는 점을 찾아 개선해야 했다.

내가 추측한 개선점은 구성이었다. 문장의 선후관계와 논리적 구성을 더 강화하는 방향으로 개선 포인트를 잡았다. 그렇게 수정한 결과물을 상사에게 들고 갔다. 상사의 반응은 "음… 아직 설득력이 부족한데?"였다. 뭐가 잘못됐을까?

'설득력이 약하다'는 사실 진짜 피드백이 아니다. 그 이면에 있는 진짜 피드백을 찾아야 한다. 대개 피드백을 주는 사람도 피드백의 이유를 모를 때가 많다. 우리도 마찬가지다. 영화를 보고 난 뒤 이 작품이 정말 재미있는데 왜 재미있는지 설명하기 어려운 경우도 많고, 반대로 엉망진창인 작품을 보고 왜 별로인지 설명하기 어려운 경우도 많다.

물론 상사에게 어떤 점이 설득력을 떨어뜨리냐고 물어볼 수 있다. 상사가 그 물음에 답해 준다면 문제는 쉽게 해결되지만, 꽤 많은 상사는 그런 질문에 쉽게 답을 못한다. 설득력이 약하다는 피드백 안에는 꽤 복합적인 근거가 숨겨져 있다. 그걸 분석하자면 이렇다.

위에서 말했듯이 내가 처음 추측한 개선 포인트는 카피의 '구성'이었다. 구성을 다듬으면 설득력을 높일 수 있다고 생각했다. 상사가 생각한 포인트는 달랐다. 구성이 아니라 '표현'의 문제였다. 상사는 구성은 괜찮지만 설득력 있는 표현이 아니라고 생각했다. 진짜 피드백은 수치자료나 객관적인 데이터를 활용했으면 한다는 것이었다. 상사가 설득력이 약하다고 한 진짜 의중은 표현방법을 수정하라는 뜻이었다. 아무리 구성을 다듬어도 상사

마음에 들지 않았던 이유는 바로 이 때문이다.

피드백을 해석할 때 유념해야 할 사항

상사의 의중을 알았다고 문제가 해결되지는 않는다. 결국 피드백 수용 여부는 자신이 판단해야 하기 때문이다. 왜 상사가 수치와 객관적 데이터를 강조했는지, 그 배경을 이해하지 못하면 온전히 그 피드백을 받아들일 수 없다. 배경이 다르면 피드백도 달라진다. 다른 상사에게 수치를 기재한 카피를 보여줬을 경우 '너무 딱딱하다'라는 피드백을 받을 수도 있다. 피드백은 같은 내용이라도 주관적인 배경과 해석에 따라서 달라지기 마련이다.

상사가 수치와 객관적 데이터를 강조한 피드백을 준 배경은 이렇다. 수치와 객관적 데이터의 힘은 '신뢰감'이다. 1개의 수치가 제품의 강점을 객관적으로 보여줄 수 있다면 백 마디 말보다 더 큰 힘을 발휘한다. 더군다나 브랜드가 금융이나 유통 쪽이면 수치는 더욱 중요하다. 상사는 바로 그 배경을 보고 피드백을 준 것이다. 이 배경까지 이해한다면 상사의 피드백을 조금 더 잘 흡수할 수 있다.

결국 피드백을 해석할 때는 2가지를 유념해야 한다.

첫 번째는 '피드백의 이면'이다. 피드백의 액면만 보고는 정확하게 피드백을 수용할 수 없다. 액면의 근거가 되는 데이터가 무엇인지 파악해야 한다. 그 데이터를 파악하기 위해서는 내가 추측한 이면의 데이터를 역으로 피드백 제공자에게 물어야 한다. "이 카피에서 설득력이 약하다고 하셨는데 약한 포인트가 구성인가요, 표현인가요?"라고 말이다. 그냥 '어떤 점에서 설득력이 약하냐'고 되물으면 잘 대답하지 못하지만, 이렇게 내가 추측한 포인트를 정리해서 물어보면 상대방도 쉽게 대답할 수 있다.

두 번째는 '배경'이다. 동일한 내용도 A 영역에서는 긍정적이지만 B 영역에서는 부정적일 수 있다. 상사의 피드백이 가끔 혼란스러운 이유는 이 때문이다. 지난번에는 수치를 강조해서 피드백을 줬지만 이번에는 수치를 모두 빼라고 할 수도 있다. 배경의 이해 없이는 올바르게 피드백을 수용할 수 없다.

A/B 테스트는 무엇일까?

'A/B 테스트'는 디지털 광고에서 많이 활용하는 검증방법이다. 이 테스트가 생소한 사람도 분명 있기 때문에 간략하게 개념을 설명하겠다.

A/B 테스트의 의미

A/B 테스트는 선호도 조사다. 우리는 알게 모르게 일상생활에서도 A/B 테스트를 한다. 친구들끼리 중국집에 가면 "넌 짬뽕이랑 짜장면 중에 뭐가 더 좋아?"라고 묻곤 한다. 이 질문을 전 국민에게 해서 답변을 받는다면 짬뽕과 짜장면 중에 대한민국 사람이 선호하는 음식이 무엇인지 객관적인 결과를 얻을 수 있다.

A/B 테스트는 동료의 주관적인 해석과 달리 많은 모수를 바탕으로 한 객관성 있는 피드백이다. 만일 위의 테스트에서 대한민국 사람들이 짜장면을 더 선호한다는 결과가 나오면 중국집들이 짬뽕재료보다는 짜장면재료의 물량을 더 늘리는 방향으로 전략을 조정할 수도 있다.

A/B 테스트의 목적은 무엇을 더 선호하는지 아는 것이 아니라 '개선'이다. A/B 테스트 결과를 통해 어떤 방향으로 브랜드의 카피를 전반적으로 개선해야 할지 알 수 있다.

A/B 테스트의 목표지표는 다양하지만 대개는 '전환율'을 지표로 삼는다. A/B 테스트로 사람들이 어떤 광고에 더 반응하고 행동했는지 확인하는 것이다. A/B 테스트를 통해 사람들이 불안감을 자극하는 카피에 더 반응하는지 아니면 수치 데이터로 신뢰감을 주는 카피에 더 반응하는지를 확인할 수 있다. 이 테스트로 얻은 결과를 바탕으로 전반적인 카피방향을 어떻게 조정할지 가닥을 잡을 수 있다.

A/B 테스트의 유의점과 이점

A/B 테스트를 할 때는 '검증목적'에 유념해야 한다. 광고소재는 카피, 레이아웃, 색감, 디자인 등 다양한 요소가 복합적으로 있다. 이 중에서 무엇을 검증하고 싶은지 목적이 분명해야 한다. 카피를 테스트하고 싶다면 A와 B 소재에서 카피만 달리하고 다른 요소들은 모두 동일해야 한다. 그렇게 해야만 어떤 카피가 더 효과적이었는지 검증할 수 있다. 변수가 2개라면 어떤 요소 때문에 사람들이 더 반응했는지 가려내기가 어렵기 때문이다.

디지털 광고시장이 커지면서 A/B 테스트의 활용도는 더욱 커졌다. A/B 테스트의 이점은 크게 3가지다.

첫 번째는 '의사결정'이다. 기존에 단지 경험과 감에만 의존하던 의사결정을 객관적인 데이터를 바탕으로 할 수 있다.

두 번째는 '효율 개선'이다. A/B 테스트로 도출된 결과를 통해 광고의 효율을 최적화할 수 있다.

세 번째는 '고객충성도 강화'다. 개선된 광고효율로 고객참여도를 높여 충성도 있는 브랜드 고객을 모집할 수 있다.

이제 광고에서 크리에이티브는 인간의 창의적인 직감에만 의존하지 않는다. 디지털시대로 돌입하면서 다양한 데이터가 크리에이티브를 만드는 또 다른 축이 됐다. 그저 이렇게 쓰면 사람들이 반응할 거야 같은 주관적인 자아도취에서 벗어나 객관성을 확보할 수 있게 한다. A/B 테스트는 주관적으로 쓴 나의 카피에 객관성을 더할 수 있는 방법이다.

카피라이터에게 A/B 테스트는 자신의 카피를 조금 더 발전하게 하는 근거가 된다. 이제 A/B 테스트가 무엇인지 감을 잡았다면 어떻게 활용하는지 알아보자.

어떻게 A/B 테스트를 할까?

A/B 테스트를 하는 이유는 '원인과 결과 사이에 상관관계'를 파악하기 위해서다. A라는 결과가 나왔다면 A라는 결과를 만든 원인인 B는 무엇이고, A 결과를 향상하려면 어떤 변화가 필요한지 알아야 하기 때문이다. 그 원인을 파악하려면 원본과 비교하기 위한 실험군이 있어야 한다. 원본과 실험군 사이에 하나의 요소를 달리하여 결과의 원인을 찾아야 한다.

A/B 테스트의 5단계 실험방법

카피에 대한 A/B 테스트를 할 때 구체적인 실험방법은 총 5단계로 나눌 수 있다.

첫 번째 단계는 '조사'다. 지금까지 집행된 광고카피 소재 데이터를 모아 전환율이 높았던 소재들을 분류한다. 전환율이 높았던 광고카피 중에서 일정한 규칙성을 찾는다. 수치가 들어간 카피거나 물음으로 끝을 맺은 카피는 반응률이 좋았다 같은 규칙성이다. 이렇게 나름의 규칙성과 패턴을 찾아 분류한다.

두 번째 단계는 '가설 설정'이다. 조사단계에서 찾은 효율이 높았던 광고소재의 패턴을 토대로 가설 설정을 할 수 있다. 수치가 들어간 카피가 효율이 높았다면 이렇게 가설을 세울 수 있다.

'수치가 들어간 카피일수록 전환율이 높다.'

이 가설이 옳은지 그른지 확인하려면 이와 비교할 수 있는 실험군이 필요하다.

세 번째 단계는 '변형된 실험군 설정'이다. 2단계에서 설정한 가설을 토대로 변형 실험군을 만들어야 한다. 실험군은 광고소재에서 디자인, 색감, 레이아웃, 폰트 등 모든 요소는 동일하게 구성하고 카피만 원본과 달리 수치가 들어가는 형태로 만든다. 수치가 들어간 카피가 정말 효과가 있었는지를 판단하기 위해서다. 실험군이 수치가 들어간 카피라면 원본에서는 수치를 빼고 다른 방식으로 표현해야 정확한 결과가 나온다.

네 번째 단계는 '테스트'다. 동일한 예산, 기간, 타깃을 설정하여 원본과 실험군에 대한 광고 테스트를 진행한다. 이때 테스트 설정이 서로 다르면 정확한 테스트라고 할 수 없다. 원본에는 실험군보다 예산을 더 투여하고 기간을 달리하면 동일한 조건이 아니기 때문에 부정확한 결과가 나올 수밖에 없다. 테스트 조건은 원본과 실험군 모두 동일해야 한다.

다섯 번째 단계는 '결과분석'이다. 테스트 결과를 보고 가설이 맞는지 아닌지를 확인하는 단계다. 수치를 넣은 카피가 더 반응률이 높았다면 전반적인 카피구성을 수치를 기반으로 수정할 수 있다. 반대로 수치를 뺀 원본에서 더 높은 반응률을 보였다면 가설 설정이 잘못된 것이다. 이럴 경우 또 다른 가설을 설정하여 아래 패턴대로 테스트를 다시 진행해야 한다.

A/B 테스트는 위의 5단계를 밟으면서 문제를 찾고, 효율 최적화를 위한 방법을 모색한다. 이렇게 찾은 방법을 적용하여 전환율을 개선하고, 이것을 정립시켜 효율을 점진적으로 높여나가는 것이다. 이 5단계를 꾸준히 반복해야만 브랜드가 개선되고 충성도 높은 고객을 모집할 수 있다.

A/B 테스트를 할 때 주의점

A/B 테스트를 할 때 주의해야 할 점은 크게 2가지다.

첫 번째는 '실험모수'다. A/B 테스트는 실험에 참여하는 사람의 수가 많으면 많을수록 정확도가 높아진다. 너무 적은 수를 통해서 결과를 확인할 경우 부정확한 결과가 나올 확률이 높다. 테스트인 만큼 큰 비용을 들일 수는 없지만 어느 정도 모수를 확보해야만 정확한 결과 파악을 할 수 있다. 참고로 A/B 테스트를 서비스하는 '옵티마이즐리'라는 사이트에서는 샘플 사이즈 계산기를 제공한다. 이 계산기를 활용하면 A/B 테스트에 적당한 모수 수량을 얼마로 설정할지를 대략 확인할 수 있다.[10]

두 번째는 '변수 통제'다. 앞에서 강조했지만 원본과 실험군 사이에는 테스트하려는 요소 외에는 모든 조건이 동일해야 한다. 변수를 2개 이상으로 두면 어떤 요소 때문에 전환율이 높아졌는지 정확히 확인할 수 없기 때문이다. A/B 테스트를 할 때는 변수 통제를 확실히 해야 한다.

지금까지 객관적인 검증단계에서 필요한 사항들을 살펴봤다. 챕터 2의 내용을 간략히 정리해 보자. 첫 번째는 동료 및 상사의 피드백이다. 내가 미처 보지 못한 사항에 대해서 제3자의 눈으로 피드백 받는다면 카피는 발전할 수 있다. 피드백을 받을 때는 성장에 초점을 맞춰야 하고, 피드백 이면의 데이터와 배경을 파악해야 정확하게 피드백을 해석하고 수용할 수 있다.

두 번째는 A/B 테스트다. A/B 테스트는 동료와 상사의 주관적인 피드백을 넘어서 내가 쓴 카피의 객관적인 반응도를 확인하는 방법이다. A/B 테스트로 나온 결과를 바탕으로 카피에서 무엇을 더 개선해야 할지 방향을 잡을 수 있다.

---

10 https://www.optimizely.com/sample-size-calculator/?conversion=3&effect=20&significance=95

3
아이디어 보고하기

미끄러운 얼음, 춤을 잘 추는 자에게는 그곳이 바로 천국
– 프리드리히 니체

문장을 다듬고 객관적인 검증까지 마쳤다. 여기서 끝이 아니다. 마지막으로 이렇게 고생해서 쓴 아이디어를 보고해야 한다. 힘들게 썼는데 제대로 보고하지 못해 아이디어가 죽어버린다면 너무 아깝지 않은가?

보고는 왜 이런 아이디어를 제안하고 어떤 유의미한 효과가 있을지 보고 받는 사람의 머릿속에 생생하게 그림이 그려져야 한다. 지금부터 아이디어를 보고하는 방법을 알아보자.

보고는 설득이다

보고의 목적은 전달에만 있지 않다. 전달에서 그치지 않고 설득까지 이어져야 한다. 아이디어를 전달하는 이유는 '설득'에 있다. 설득을 목적으로 한 보고는 구성부터 다르다. 단순히 보고자의 생각을 나열하지 않고 기승전결이 명확하다.

설득력 있는 보고의 6단계 구성

설득력 있는 보고를 하려면 6단계 구성을 생각해야 한다. 이 단계를 머릿속에 넣어서 보고를 구성한다면 설득력 있는 보고가 된다.

첫 번째 단계는 '문제 제기'다. 모든 아이디어의 목적은 문제를 해결하는 데 있다. 문제를 해결하려면 해결해야 할 문제가 있어야 한다. 문제가 없다면 아이디어도 필요 없다. 문제를 제기해야 할 때는 한 가지 포인트를 생각해야 한다. '상대방도 공감하는 문제냐'는 것이다.

사람마다 사안을 바라보는 관점이 다르다. 우리는 똑같은 그림을 봐도 생각하는 바가 다르다. 문제를 바라보는 시각도 다를 수밖에 없다. 문제 설정에서 공감대가 이뤄져야 이어지는 주장이 설득력 있다. 본격적인 설득에 앞서 왜 이것이 문제인지 설명해야 한다. 문제의 근거가 부실하다면 상대방의 공감을 얻을 수 없다.

예를 들어 스티브 잡스는 2007년 1세대 아이폰 발표회에서 기존 모바일폰이 지닌 문제점은 복잡한 사용 인터페이스(UI)라고 말했다. 복잡한 플라스틱 버튼은 어려우며 잘 사용하지도 않는다. 앱이 추가되어 기능상의 변화가 있다면 기존 아날로그 방식의 플라스틱 버튼은 기능 변화에 맞춰 빼거나 추가할 수도 없기 때문이다.

두 번째 단계는 '공감'이다. 문제 때문에 생긴 부정적인 결과를 언급하며 감정적 동요를 이끌면서 상대방을 나의 편으로 만드는 방법이다. 보고하고 보고를 받는 것도 사람이 하는 일이다. 감정적인 교류 없이 보고한다면 매끄럽게 보고가 안 된다. 상대방 편에 서서 문제를 바라보고, 그 문제가 만든 나쁜 결과를 언급하면서 보고자를 신뢰하게 해야 한다.

스티브 잡스가 기존 모바일폰의 복잡한 버튼을 보여주며 사용 인터페이스의 문제점을 지적하자 청중들은 고개를 끄덕일 수밖에 없었다. 자신들도 쓸데없는 버튼 때문에 어려움을 겪거나 불필요한 버튼을 누른 경험이 있기 때문이다. 이런 식으로 문제점에 대해 공감을 유도하면서 조금 더 아이디어 보고에 몰입하게 한다.

세 번째 단계는 '솔루션'이다. 무엇이 문제고 그 문제 때문에 어떤 나쁜 결과가 나타났는지 밑밥을 깔았다면, 그것을 해결하기 위한 솔루션이 나와야 한다. 이 문제를 해결하기 위해서 어떤 브랜드 메시지와 타깃으로 접근해야 할지 해결책을 제시해야 한다. 해결방안은 다양하다. 제대로 된 문제의 원인을 찾았다면 해결책도 거기에 착 달라붙게 나와야 한다. 그 다음, 이 해결책이 왜 확실한 방법인지 상대방에게 증명해야 한다.

스티브 잡스는 기존 복잡한 플라스틱 버튼을 개선하는 솔루션으로 멀티 터치 스크린을 제시한다. 멀티 터치 스크린은 모바일 화면을 손가락으로 터치하여 기능을 구현하도록 설계됐다. 따라서 앱 환경이 변동돼도 거기에 맞게 버튼도 유동적으로 변경할 수 있다.

네 번째 단계는 '근거'다. 앞에서 제시한 솔루션이 왜 확실한 해결책인지 근거를 제시해야 한다. 막연한 주장은 공허하고 신뢰할 수 없다. 근거는 기존 브랜드 집행 데이터일 수도 있고, 리서치 데이터일 수도 있으며, 다른 회사의 사례일 수도 있다. 나의 주장을 뒷받침하는 탄탄한 근거까지 있다면 거의 절반은 설득된 셈이다.

스티브 잡스는 아이폰이 애플의 데스크톱용 운영체제를 사용한다고 설명했다. 그저 모바일용 수준이 아니라 모바일 안에 데스크톱 수준의 운영체제를 활용하기 때문에 멀티태스킹도 간편하며 사용도 편리할 수밖에 없음을 근거로 제시했다. 이에 청중들은 확실한 운영체제로 구현되는 아이폰을 신뢰할 수 있었다.

다섯 번째 단계는 '차별성'이다. 우리의 문제 접근방식이 다른 사례와 비교했을 때 얼마나 색다르고 차별성 있는지 드러낸다면 보고 받는 사람이 더 혹할 수 있다. 누구나 다 하지 않고 우리만 하는 방법이라는 점을 강조해서 아이디어의 가치를 더 높인다. 내 생각이 다른 아이디어보다 얼마나 차이가 있는지 차별화 지점을 비집고 들어가야 더 높은 가치로 아이디어를 팔 수 있다.

스티브 잡스는 발표회에서 타사 제품과 아이폰의 디자인을 비교하면서 아이폰의 차별화된 디자인을 강조했다. 경쟁사 제품의 연락처 화면, 메일 화면, 달력 화면, 웹사이트 화면과 아이폰의 화면들을 비교하면서 얼마나 아이폰이 심플한 사용 인터페이스로 편리함에 집중했는지 청중들이 한 번에 알 수 있도록 했다.

여섯 번째 단계는 '기대효과'다. 상대방은 이 해결책이 얼마나 큰 효과가 있을지 알지 못한다. 아이디어를 제시하는 쪽이 기대효과를 대략 전달해야 한다. 기대효과가 크다면 상대방 입장에서 이 생각을 마다할 이유가 없다. 눈에 보이도록 효과가 상대방

머릿속에 그려진다면 얼마를 더 주고서라도 당신의 아이디어를 사려고 할 것이다.

스티브 잡스는 발표회 말미에 이런 메시지를 던졌다. 'Your life in your pocket.' 즉, 아이폰을 사용하는 건 주머니 속에 인생을 넣고 다니는 것과 같다는 말이다. 아이폰이라는 작은 모바일폰이 우리 삶에 얼마나 큰 변화를 예고하는지 보여줬다. 이 메시지는 아이폰의 큰 효과를 전달하기에 충분했다고 할 수 있다.

전략적인 보고는 설득의 구조다. 단순히 좋은 아이디어만으로 상대방을 설득하기는 힘들다. 상대방의 마음을 헤아리는 감정적인 교류와 병행하면서 설득의 심리 시스템을 잘 이해해야 한다. 설득의 구성원리를 알았다면 이 구성을 조금 더 날카롭게 다듬는 데 신경을 써야만 완성도 높은 보고를 할 수 있다.

설득은 스토리다

앞에서 설명했듯이 보고는 설득을 목적으로 구성한다. 그럼 설득은 어떤 태도로 접근해야 할까? 많은 전문가들이 말하는 설득의 비결은 앞서 설명한 논리적 구성과 스토리텔링이 더해져야 한다는 것이다. 시나리오 작가 로버트 맥키는 '스토리텔링은 오늘날의 세상에 아이디어를 내보이는 가장 강력한 방법'이라고 말했으며, 《스틱!》의 공저자 칩 히스와 댄 히스는 '스토리는 사람들을 고무시키고 자극하는 엄청난 위력을 지니고 있다'고 했다. 그렇다면 스토리는 왜 설득에 필요할까?

명확한 그림이 그려지는 스토리의 원리

스토리는 듣는 사람의 머릿속에 그림을 그려 준다. 추상적인 현상이 스토리를 통해서 구체적인 그림으로 바뀐다. 머릿속에 그림이 그려지면 확실하게 의사판단을 할 수 있다. 그림이 그려졌다는 사실만으로 긍정적인 신호다.

상상할 수 있다는 건 곧 그것을 행동으로 옮길 수 있는 발판이 된다. 살이 빠져 멋진 옷을 입은 내 모습을 상상할 수 있다면 당장 내일 헬스장을 끊어 운동을 시작할 수 있다. 보고를 할 때 상대방의 머릿속에 그림을 그리는 데 성공한다면 좋은 결과로 이어질 확률이 높다. 그렇다면 그림이 그려지는 스토리의 원리는 무엇일까?

첫 번째는 '의외성'이다. 보고 받는 사람이 생각지도 못한 문제의 원인을 들고 간다면 보고의 흥미도는 높아진다. 피보고자는 자기 생각과 보고자 생각 사이의 틈을 메우고자 몰입해서 보고를 듣는다. 기존 통념을 깨는 발상은 보고의 몰입도와 흥미를 높이는 역할을 한다.

예를 들어 A라는 면도기 브랜드가 있다. 이 브랜드는 20대 젊은 세대에게 외면을 받고 있다. A 브랜드는 그 이유를 높은 가격대의 프리미엄한 브랜드 이미지 때문이라고 판단하여 중저가 제품을 출시해서 20대를 공략했다. A 브랜드가 내세운 중저가 제품의 주력 메시지는 강한 절삭력이었다. 하지만 의외의 문제 원인이 있었다. 조사 결과 20대들은 면도날의 강한 절삭력보다는 안전함에 더 관심이 많았다. 즉, 문제는 가격이 아니라 절삭력이라는 메시지에 있었다. 이처럼 기존에 생각한 통념과는 다른 문제 원인을 제시하여 보고의 흥미도를 높일 수 있다.

두 번째는 '단순함'이다. 복잡하면 머릿속에 들어오지 않는다.

메시지가 단순할수록 스토리는 날카로운 펜이 머릿속에 그림을 그리듯 각인된다. 보고자 입장에서는 여러 가지 생각 중 결국 그 생각들이 말하고자 하는 바가 무엇인지 핵심만을 남겨야 한다.

앞에서 면도기를 20대에게 어필하기 위해서는 절삭력보다는 안전함을 강조해야 한다고 했다. 그럼 어떻게 단순하게 메시지를 표현할 수 있을까? 일단 궁극적으로 그들이 왜 안전함을 더 중요시하는지 생각해야 한다. 과거와 달리 미용을 중시하는 그루밍족 남자들이 늘어나고 있기 때문이다. 그들은 거친 면도날로 피부를 자극하면 상처가 나고 트러블이 생겨 피부가 망가진다고 인식한다. 그렇다면 절삭력이 아닌 '면도기의 피부케어'라는 관점에서 메시지를 단순화하여 수정할 수 있다.

세 번째는 '갈등'이다. 문제의 원인을 찾았다고 해도 난관이 있기 마련이다. 문제해결을 위한 난관의 실체는 명확히 밝히는 것이 좋다. 히어로 장르 영화에서는 도입부에서 악당의 무시무시함을 먼저 보여준다. 관객은 주인공이 무지막지한 악당을 어떻게 해치울지 조마조마한 마음으로 본다. 보고도 마찬가지다. 문제의 난관을 구체적으로 밝혀둔다면 보고 받는 사람은 보고자가 이 문제를 어떻게 해결할지 기대한다. 그 기대감이 클수록 해결책의 임팩트는 크다.

다시 면도기 이야기로 돌아가 보자. '피부케어'로 메시지를 수정했지만 한 가지 난관이 있다. 타 브랜드에 비해 20대의 인지도가 낮다는 점이다. 이 낮은 인지도라는 문제점을 드러내고, '피부 케어'라는 메시지로 얼마나 파급력을 높일 수 있을지를 그 다음에 제시해야 한다.

　네 번째는 '감정의 동요'다. 감정의 동요는 거대한 난관을 넘고 문제를 해결했을 때 나타나는 효과가 만든다. 문제를 해결했을 때 예상되는 긍정적인 효과를 보고 받는 사람 머릿속에 그려 줘야 한다. 보고 받는 사람은 이 단순한 메시지의 칼날이 거대한 난관을 거침없이 잘라냈을 때 오는 효과를 통해 카타르시스를 느낀다. 감정적 동요를 만들어냈다는 건 매우 좋은 신호다.

　앞서 A 면도기 브랜드가 가진 20대의 낮은 인지도라는 난관을 해결하기 위해서 브랜드 간 협업을 통한 20대 소비자의 인지도 확장을 생각할 수 있다. 예를 들어 20대가 주로 애용하는 패션 브랜드 혹은 틱톡과 같은 영상 플랫폼과 협업하여 해당 브랜드와 플랫폼의 20대 고객을 흡수하는 방법이다. 따라서 젊은 감각으로 리브랜딩하고 동시에 '면도날의 피부 케어'라는 20대 타깃의 메시지를 전달하여 메시지와 캠페인 사이의 시너지를 강화하는 방향을 제시할 수 있다. 캠페인 결과로 얻을 수 있는 인지도와 매출 상승의 예상치를 보고한다면 피보고자의 긍정적인 감정동요를 끌어낼 수 있다.

　보고에 있어서 앞에서 설명한 설득하는 구조와 스토리텔링은

별개가 아니다. 설득구조로 보고의 뼈대를 세우고 스토리텔링 원리로 보고의 이음새에 기름칠해야 한다. 논리적으로만 설득해서도 안 되고 스토리만 있어도 안 된다. 이 2개의 원리가 병합된 몸체로 구성된 보고가 효과적이다. 논리와 스토리를 통해 상상력을 자극하면서 보고가 딱딱하지도 않고 붕 뜨지도 않는 선을 잘 지킨다면 선택받는 훌륭한 보고가 될 수 있다.

WRITE | 실전 카피 메시지 만들기

[4단계_ 문장 다듬기]

[키워드]   [전환 키워드]   [크리에이티브]
성장 ▶ 스스로 자란다 ▶ 자라는 아이 따라 알아서 잘하는 의자

이제 거의 다 왔다. 앞에서부터 끌고 온 실전 적용에서 우리는 아기 의자 제품의 씨앗이 되는 키워드로 '성장'을 뽑았고, 키워드를 '스스로 자란다'로 전환했다. 여기에 라임을 활용해 [자라는 아이 따라 알아서 잘하는 의자]로 크리에이티브까지 적용했다.

이제 마지막으로 카피문장을 다듬어야 할 단계다. '자라는'과 '잘하는'의 라인을 맞추고 군더더기 조사를 빼면 좋겠다. 어미는 '~다'로 맞추면 디자인할 때 제품명이 '다다'라는 점도 강조할 수 있다. 이 방향으로 문장을 수정하면 이렇다.

아이가 자란다

의자가 잘한다

카피가 조금 더 분명해지고 깔끔해지면서 제품이 말하는 기능적인 메시지가 잘 녹아 있다.

지금까지 4단계로 카피 쓰는 연습을 했다. 첫 번째는 키워드 뽑기, 두 번째는 키워드 전환하기, 세 번째는 크리에이티브 적용하기, 네 번째는 문장 다듬기다. 사실 다섯 번째 단계로 피드백 받아 보기와 여섯 번째 단계로 보고하기도 있지만 여기서는 생략했다. 기회가 된다면 가까운 동료에게 본인이 쓴 카피에 대한 피드백을 받아 보고, 피드백을 적용하는 연습도 해 보고, 아이디어 보고까지 해 보길 권한다. 이 단계를 따라서 꾸준히 카피 쓰는 연습을 한다면 남들보다 빠르게 기발한 카피를 쓰는 데 도움이 될 것이라고 장담한다.

앞에서 잠깐 언급하긴 했지만 슬로건이나 헤드 카피나 바디 카피 등 무수히 많은 카피를 쓰는 방법도 위의 4단계에서 크게 벗어나지 않는다. 따라서 모든 방법론들을 복잡하게 달달 외울 필요가 없다. 다양한 종류의 카피를 쓰는 방법도 이 프로세스의 확장된 변용일 뿐이다.

원리를 알고 위의 4단계를 나만의 방식으로 응용하고 확장한다면 그 어떤 카피도 잘 쓸 수 있다. 생각의 코어 근육을 키우고 실전에 적용하면서 나름의 노하우를 쌓는다면 멋진 카피라이터이자 마케터가 될 수 있다. 이 책을 읽고 공부한 독자라면 충분히 그럴 자격이 있다. 건투를 빈다.

MISSION | 실습 미션 4

카피가 어느 정도 완성되면 사족이 되는 표현은 없는지 다듬어
보자.

삶의 관점을 바꾸는 생각

정말로 내가 감동하는 책은 다 읽고 나면
그 작가가 친한 친구여서 전화를 걸고 싶을 때
언제나 걸 수 있으면 오죽이나 좋을까 하는,
그런 기분을 느끼게 하는 책이다.
- 제롬 데이비드 셀린져, 《호밀밭의 파수꾼》 중

결과는 사실 인간이 편의상 만든 허구의 개념이다. 인생사에
결과는 없다. 단지 우리는 편의상 결과지점을 상정하고 살 뿐이
다. 매년 12월 31일은 한 해의 끝이라고 하고 다음 해 1월 1일
은 시작이라고 하지만 그런 원칙이 어디 있겠는가. 그저 똑같은
하루의 반복일 뿐이다.

결과의 지점을 언제로 설정하느냐에 따라 인생의 교훈은 달라
진다. KFC 할아버지로 알려진 KFC의 창업자 커널 샌더스는 65
세에 운영하던 식당이 망했다. 그 당시 65세면 흔들의자에 앉아

TV나 보며 여생을 보내도 이상하지 않은 나이다. 그는 남은 재산 100달러로 재기에 성공했고 세계적인 프랜차이즈를 만들었다. 인생의 종착점을 65세로 보면 그는 실패다. 종착점을 90세로 보면 그는 성공한 인생이다.

우리가 비즈니스 롤 모델을 설정할 때도 마찬가지다. 한 회사의 성공모델을 우리 회사에도 적용한다고 해 보자. 그런데 그 성공모델 회사가 2~3년 뒤에 시장가치가 90% 이상 떨어지면 어떨까. 그냥 다른 성공모델을 찾으면 그만일까? 이런 식이라면, 앞으로 어떤 일이 일어날지 알 수 없는 우리로서는 성공모델을 찾는 일이 요원할 수밖에 없다.

결과는 우리의 인생에서 프레임이다. 시작과 끝의 프레임을 어디서부터 어디까지로 설정하나에 따라 우리가 삶을 바라보는 관점과 태도는 달라진다.

에단 호크와 줄리 델피 주연의 〈비포〉 3부작이 흥미로운 점은 엔딩 크레디트 이후의 삶을 2편, 3편 시리즈로 보여준다는 거다. 이 시리즈를 보면 사랑이 〈비포 선라이즈〉처럼 달콤하고 아련하다가도 〈비포 선셋〉처럼 차분한 현실로 다가오기도 하고, 〈비포 미드나잇〉처럼 지리멸렬함으로 느껴지기도 한다. 어떤 시작과 끝이라는 프레임으로 바라보느냐에 따라 사랑도 다르게 다가온다.

'결과'라는 것이 단순한 허구의 개념임을 깨닫는 순간 삶에 대한 태도는 겸손하고 숙연해진다. 내가 상정한 결과지점에서 성공하더라도 그건 사실 과정의 일부다. 언제 엎어질지 모른다. 반대로 상정한 결과지점에서 실패하더라도 아직 끝나지 않은 게임이라면 얼마든지 재기할 수 있다.

스포츠 경기에서 종료 휘슬은 심판이 불지만, 내 인생의 종료 휘슬은 내가 분다. 내가 내 인생이라는 경기장에서 뛰는 선수이자 심판인 거다. 이 책을 보는 모든 독자가 자신만의 인생이라는 경기에서 선수이자 심판이었으면 하는 바람이다.

감사의 글

이 책의 초고를 다 쓰고 난 후 아내에게 "나, 다 썼어"라고 하자, 내 최고의 친구이기도 한 그녀는 "수고했어, 잘했어"라고 말했다. 잘했든 못했든 뭔가에 도전했다는 사실만으로 우리는 서로를 조건 없이 응원하고 격려하는 사이가 된 것이다.

아내는 내가 이 책을 쓸 때 수없이 많은 영감을 주었다. 그녀는 진흙탕 속에서도 예쁜 것을 발견해내는 탁월한 눈을 가지고 있다. 그녀는 세상 무심한 나와 함께 길을 걸을 때도 예쁜 풍경을 발견해 "이거 정말 예쁘지"라고 연신 감탄하며 사진을 찍어 나에게 보여줬다. 이런 아내가 없었다면 이 책은 쉽사리 나오기 힘들었을 것이다. 사랑하고 고맙다.

나는 나이가 들수록 '우리 부모님이 원래 이런 분이셨나?'라고 의아할 때가 많다. 내가 지금까지 그분들을 부모 역할이라는 한 단면만으로 봐왔기 때문일 것이다. 그분들이 점차 부모 역할의 비중을 줄이고 자기 본연의 모습으로 돌아가 살아가는 삶을 옆에서 지켜볼 때 기분 좋은 웃음이 얼굴에 스며든다. 사랑하고 감사한 마음을 이 글을 빌어 남긴다.

나 같은 직장인이 단행본 분량의 글을 쓴다는 건 번지점프와 같다. 번지점프는 그저 뛰어내리기만 하면 사람들이 박수를 보낸다. 덤블링하며 멋지게 안 뛰어도 그저 눈물과 오줌을 살짝 지리며 뛰어내려도 박수를 보낸다. 이 번지점프에 성공하기까지 많은 격려와 도움 주신 분들에게도 감사 인사를 전한다.

참고문헌

《가면들의 병기창》, 문광훈 저, 한길사, 2014

《글 고치기 전략》, 장하늘 저, 다산초당, 2006

《기획은 2형식이다》, 남충식 저, 휴먼큐브, 2014

《기획의 정석》, 박신영 저, 세종서적, 2013

《내 문장이 그렇게 이상한가요?》, 김정선 저, 유유, 2016

《무라카미 하루키 수필집 1》, 무라카미 하루키 저, 백암

《무조건 팔리는 카피 단어장》, 간다 마사노리 · 기누타 준이치 저, 이주희 역, 동양
북스, 2021

《무지한 스승》, 자크 랑시에르 저, 양창렬 역, 궁리출판, 2008

《사고의 본질》, 더글라스 호프스태터 · 에마뉘엘 상데 저, 김태훈 역, 아르테,
2017

《삶으로서의 은유》, 조지 레이코프 · M. 존슨 저, 박이정출판사, 2006

《상식의 배반》, 던컨 J. 와츠 저, 정지인 역, 생각연구소, 2011

《생각의 시대》, 김용규 저, 김영사, 2020

《생각의 탄생》, 로버트 루트번스타인 · 미셸 루트번스타인 저, 박종성 역, 에코의
서재, 2007

《스틱!》, 칩 히스 · 댄 히스 저, 안진환 외 역, 엘도라도, 2009

《안정효의 글쓰기 만보》, 안정효 저, 모멘토, 2006

《어떻게 원하는 것을 얻는가》, 스튜어트 다이아몬드 저, 김태훈 역, 에이트 포인
트, 2011

《언어 일반과 인간의 언어에 대하여/번역자의 과제 외》, 발터 벤야민 저, 길,
2008

《우리는 어떻게 생각하는가》, 질 포코니에 · 마크 터너 저, 김동환 외 역, 지호,
2009

《인터페이스 연대기》, 박해천 저, 디자인플럭스, 2009

《일의 99%는 피드백이다》, 더글라스 스톤·쉴라 힌 저, 김현정 역, 21세기북스, 2021

《잡문집》, 무라카미 하루키 저, 이영미 역, 비채, 2011

《카피 공부》, 핼 스테빈스 저, 이지연 역, 월북, 2018

《카피 교실》, 우에조 노리오 저, 맹명관 역, 들녘, 1999

《현대시작법》, 오규원 저, 문학과지성사, 2017